SERI BUKU TEMPO

JALAN POS DAENDELS

SERI BUKU TEMPO

JALAN POS DAENDELS

TEMPO PUBLISHING

Jakarta:
KPG (Kepustakaan Populer Gramedia) bekerja sama dengan Tempo Publishing

Seri Buku Tempo
Jalan Pos Daendels

Cetakan Pertama, Oktober 2017

Tim Penyunting
Seno Joko Suyono
Dody Hidayat
Agoeng Wijaya
Amri Mahbub
Redaksi KPG

Tim Produksi
Djunaedi
Eko Punto Pambudi
Gatot Pandego
Kendra Paramita
Rizal Zulfadli
Tri Watno Widodo

Perancang Sampul
Landi A. Handwiko

Tata Letak Isi
Dadang Kusmana

TEMPO
Jalan Pos Daendels
Jakarta; KPG (Kepustakaan Populer Gramedia), 2017
viii + 128 hlm.; 16 x 23 cm
ISBN: 978-602-424-683-9

Dicetak oleh PT Centro Inti Media, Jakarta.
Isi di luar tanggung jawab percetakan.

Daftar Isi

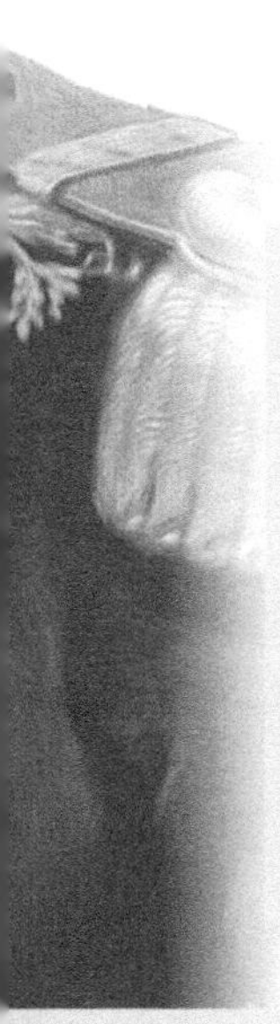

TIM LAPORAN KHUSUS JALAN POS DAENDELS (*Tempo*, 25–31 Mei 2015)

Penanggung Jawab: Seno Joko Suyono. **Kepala Proyek:** Dody **Hidayat Penulis:** Agoeng Wijaya, Amri Mahbub, Ananda Wardhana Badudu, Dody Hidayat, Dian Yuliastuti, Firman Atmakusumah, Gustidha Budiartie, Mustafa Silalahi, Nunuy Nurhayati, Nurdin Kalim, Ratnaning Asih, Seno Joko Suyono. **Penyunting:** Amarzan Loebis, Bagja Hidayat, Idrus F. Shahab, Jajang Jamaludin, Philipus Parera, Purwanto Setiadi, Seno Joko Suyono, Yosep Suprayogi, Yos Rizal Suriaji, Y. Tomi Aryanto. **Penyumbang bahan:** Amri Mahbub, Ananda Wardhana Badudu, Dian Yuliastuti, Mustafa Silalahi, Nunuy Nurhayati, Nurdin Kalim, Siddik Permana (Bogor), Yuke Mayaratih (Belanda). **Jawa Barat-Banten:** Anwar Siswadi, Ivansyah. **Jawa Tengah-Yogyakarta:** Aris Andrianto, Dinda Leo Listy, Edi Faisol, Farah Fuadona, Sohirin, Venantia Melinda. **Jawa Timur:** Agita Sukma, Artika Rachmi Farmita, Avit Hidayat, Ika Ningtyas, Muhammad Syarrafah, Sujatmiko. **Foto:** Jati Mahatmaji, Ijar Karim, Tony Hartawan, Dhemas Reviyanto, Aris Novia Hidayat, Budi Purwanto, Nita Dian, Ratih Purnama Ningsih. **Bahasa:** Uu Suhardi, Sapto Nugroho, Iyan Bastian. **Pengolah foto:** Hindrawan Desain: Djunaedi, Eko Punto Pambudi, Gatot Pandego, Kendra Paramita, Rizal Zulfadli, Tri Watno Widodo. **Riset:** Evan Kusumah, Danni Muhardiansyah. **Sopir:** Juju, Yadi.

Herman Willem Daendels
1762-1818

Metamorfosis Trans Jawa Warisan Marsekal Besi

Cadas Pangeran, 1910.
MUSEUM VOLKENKUNDE

Lidah orang Jawa dulu memelesetkan pangkat perwira tingginya, *maarschalk* (marsekal), sebagai "mas galak". Itu panggilan bagi Marsekal Herman Willem Daendels. Wataknya keras. Ia tak hormat kepada raja-raja Yogyakarta dan Surakarta, apalagi bupati-bupati dan residen-residen. Terpengaruh gelora Revolusi Prancis, ia ingin memberangus feodalisme masyarakat tradisional kita. Pada 5 Mei 1808, Gubernur Jenderal Hindia Belanda ke-36 itu mengeluarkan instruksi pembangunan Jalan Raya Pos (De Grote Postweg). Potongan pertama menghubungkan Buitenzorg (Bogor)—lokasi istananya—ke Cirebon. Ternyata pembangunan jalan tidak semulus hitungannya. Ruas Megamendung hingga Cadas Pangeran menewaskan banyak kuli. Tapi itu tak membuatnya surut. Jalan modern Trans Jawa dianggapnya penting. Ia tak peduli korban berjatuhan. Ia bahkan lalu mengumpulkan 38 bupati se-Jawa dan meminta mereka meneruskan pembangunan ke Semarang, lalu ke Surabaya, dan berakhir di ujung timur. Jalan penuh cerita penderitaan itu kini bermetamorfosis menjadi jalan industri. Ia masih menjadi sebuah jalan Trans Jawa satu-satunya. Memperingati potongan pertama penuh darah yang dikerjakan Mei 1808 itu, *Tempo* menyusuri ruas-ruas Jalan Raya Pos dari Anyer hingga Panarukan.

HANYA dalam setahun, 1808-1809, sebentangan jalan dari Anyer, Jawa Barat, ke Panarukan, Jawa Timur, yang tadinya jalan desa terputus-putus, rampung tersambungkan. Panjangnya lebih-kurang 1.000 kilometer. Tak mungkin pekerjaan itu terlaksana tanpa tangan besi. Maka bisa dimaklumi jika jalan itu menyimpan kisah-kisah muram, kisah-kisah kekerasan, sekaligus cerita sukses yang berkesinambungan sampai kini.

Pada 1808, Marsekal Herman Willem Daendels, tatkala itu 46 tahun, datang ke Batavia sebagai Gubernur Jenderal Hindia Belanda. Lelaki kelahiran kota kecil Hattem di Belanda itu dikenal sebagai "orang kuat". Ia bagian dari kaum patriot Belanda yang terpesona oleh Revolusi Prancis. Ia Panglima Legion Etrangere yang ikut menggulingkan rezim William Oranje V dan menjadikan Belanda bagian dari Prancis. Ketika Belanda diduduki Louis Napoleon, adik kandung Kaisar Prancis Napoleon Bonaparte, Daendels dikirim ke Jawa.

Tugas utamanya adalah mengamankan Jawa dari serangan Inggris. Prancis ketika itu sedang berseteru dengan Inggris. Jawa adalah daerah koloni Belanda-Prancis yang belum jatuh ke tangan Inggris. Mauritius, jajahan Prancis, pada 1807 sudah jatuh ke tangan Inggris. Ancaman Inggris akan merebut Jawa sudah di depan mata. Pada 1800, Inggris telah menghancurkan galangan kapal Belanda di Pulau Onrust dan menguasai Pantai Marunda.

Setiba di Batavia, Daendels tancap gas. Untuk pengamanan itu, ia membayangkan sebentang jalan strategis militer, sebagaimana Imperium Romawi memiliki jalan *cursus publicus* yang menghubungkan Roma dengan semua kota jajahannya di Eropa Barat. Jalan itu akan membuat Daendels mampu melakukan mobilisasi horizontal pasukan dari istana di Buitenzorg (Bogor) ke sepanjang Nusa Jawa. Dari Buitenzorg, Daendels melakukan perombakan administrasi kepegawaian. Ia menginginkan pemerintahan sentralistis de-

Kantor Pos Majalengka, 1900.

ANRI.

ngan birokrasi modern yang efisien. Para bupati dimasukkan ke peta administrasi kolonial. Mereka masuk sistem kedinasan Belanda.

Lebar jalan itu 7,5 meter, sesuai dengan standar Eropa. Jalan itu berbatu dan berpasir agar bisa dilalui kuda pada musim hujan. Melalui jalan itu, Daendels akan melakukan koordinasi dengan bupati dan aparatnya di daerah. Daendels di antaranya menginstruksikan wajib tanam kopi. Jalan itu juga digunakannya untuk melancarkan pengangkutan kopi.

Jalan itu sendiri sesungguhnya tidak semua baru. Daendels memanfaatkan jalan-jalan pedesaan yang sudah terbentang di sepanjang Jawa. Daendels diperkirakan menggunakan jalan yang dilalui Sultan Agung ketika menyerang Batavia, 1628-

1629. Jauh sebelumnya, pada abad ke-15, seorang resi Sunda bernama Bujangga Manik, dalam sebuah naskah Sunda kuno yang disimpan di perpustakaan Bodleian, Oxford University, disebutkan melakukan perjalanan dari Pakuan Pajajaran (Jawa Barat) ke Candi Rabut Palah (sekarang Candi Penataran, Jawa Timur). Banyak lokasi yang disebutnya masih cocok dengan nama-nama daerah Jawa kini. Bisa jadi pada abad ke-15 itu sudah ada jalan setapak dari Sunda ke Jawa.

Jalan militer Daendels itu kemudian bernama De Grote Postweg, karena Daendels mendirikan 50 stasiun pos antara Batavia dan Surabaya untuk mempercepat komunikasi dengan aparatnya. Pegawai-pegawai pos Daendels berseragam jas biru, bercelana garis merah, dan memakai selempang putih bertanda pos di lengan kiri. Pegawai-pegawai itu wajib memacu kuda dengan kecepatan rata-rata 12 kilometer per jam pada musim kemarau dan 7,5 kilometer per jam pada musim hujan.

Tidak dimungkiri, jalan ini menjadi sarana lalu lintas modern pertama di Jawa dan kini salah satu urat nadi Jawa. Tanpa jalan ini, industri Jawa tak bergerak. *Tempo* edisi kali ini ingin menyajikan sesuatu yang lain daripada yang lain: seberkas laporan menyusuri Anyer–Panarukan. Diangkat dari liputan khusus majalah *Tempo* edisi 25-31 Mei 2015, sajian Seri Buku Tempo ini memperingati dimulainya etape pertama pembuatan jalan Daendels dari Buitenzorg (Bogor) menuju Cirebon melalui Karangsambung, yang dilaksanakan pada 5 Mei 1808. Etape berjarak 250 kilometer itu salah satu medan terberat karena harus menembus perbukitan, memotong lereng gunung, dan memangkas cadas.

Untuk pembuatan jalan militer ini, Daendels berusaha menggunakan anggaran negara yang minim. Sebagian besar biaya dibebankan ke para bupati. Hanya untuk rute-rute tertentu yang berat, seperti Megamendung–Cianjur–Parakanmuncang–Sumedang–Karangsambung, Daendels mengucurkan uang. Tapi justru di jalur ini banyak kuli—meski dibayar—tewas kelaparan dan terserang malaria.

Dari Karangsambung, jalan menembus hutan lebat melewati Palimanan sampai Cirebon. Setelah menyeberangi Sungai Cipamali menuju Brebes, jalan memasuki kota-kota Jawa Tengah: Tegal, Pemalang, Comal, Pekalongan, Kendal, Kaliwungu, Semarang, Demak, Kudus, Pati, Rembang, dan Lasem. Terus menuju Jawa Timur: Pacitan, Sidayu, Gresik, Surabaya, Porong, Bangil, Pasuruan, Paiton, Besuki, dan Panarukan.

Setelah Indonesia merdeka, jalan ini menjadi tumpuan. Orde Lama tidak membuat jalan baru Pantura atau Pantai Utara Jawa. Demikian juga Orde Baru. Sampai pada pemerintahan Joko Widodo, jalan Pantura hanyalah terusan Jalan Pos Daendels. Lebarnya pun masih sama.

***

MARILAH menyimak peta Jawa akhir abad ke-19 yang dibuat hidrografer Melvill van Carnbee dan topografer W.F. Versteegh. Peta ini dibuat pada 1853-1862. Secara mencolok tergambar dalam peta lama itu sebuah jalur merah memanjang bagaikan pita. Itulah Jalan Raya Pos, ditandai sebagai jalan utama Jawa. Peta itu demikian rinci: kota-kota kecamatan kecil di sepanjang kanan-kiri jalan pun dicantumkan. Bahan pembuatan peta itu antara lain dikompilasi dari peta-peta koleksi Roland Bonaparte yang disimpan di Bibliothèque Nationale, Paris.

Peta itu menunjukkan, dalam rentang 200 tahun, beberapa kota mungkin bergabung dengan kota di sebelahnya—atau kini hanya menjadi kecamatan kecil. Di dekat Probolinggo, misalnya, ada kota bernama Kedoeng Badjoel. Kota itu sekarang tak terdengar namanya. Selain kota "hilang", tentu banyak muncul kota baru di sepanjang Jalan

Pos itu. Para ahli tata perkotaan mengatakan Pacet, Weleri, Plered, Sidoarjo, Gempol, Bangil, dan Kraksaan tadinya adalah pasar kecil yang tumbuh menjadi kota karena letaknya di persilangan jalan Daendels.

Beberapa kota, setelah Jalan Pos rampung, memang dipindahkan agar mendekati Jalan Pos. Ibu kota Kabupaten Bandung, yang semula di Dayeuhkolot (di tepi Sungai Citarum), misalnya, dipindahkan ke Kota Bandung sekarang. Pemerintahan Belanda di Jepara oleh Daendels dipindahkan ke Pati. Pada 1809, menurut sejarawan Jan Breman, Daendels mengeluarkan peraturan bagi penduduk wilayah Cirebon-Priangan agar tidak berdiam di permukiman yang menyebar. Permukiman kecil dengan jumlah penduduk kurang dari enam keluarga tidak diakui dan harus bergabung dengan lokasi yang lebih besar. Ini semua membuat munculnya kota-kota kecil baru.

Akan halnya di Tegal, Jalan Raya Pos membelah jalan: sisi utara menjadi permukiman Eropa, bagian selatan permukiman Tionghoa, dan di luar keduanya permukiman pribumi. Pada 40 tahun pertama, Jalan Raya Pos dari Anyer sampai Panarukan tak boleh dilewati rakyat jelata. Penduduk membuat jalan setapak paralel di samping Jalan Raya Pos. Semua ini lambat-laun menjadikan jalur Anyer–Panarukan sebagai fenomena kota yang memanjang (*ribbon city*).

***

LAPORAN khusus ini merupakan laporan pandangan mata merekam denyut Jalan Raya Pos kini. Wartawan *Tempo* ada yang menumpang truk, berjalan dari satu titik ke titik lain, dari kampung-kampung yang pernah terkenal sebagai sarang bajing loncat sampai ke desa-desa prostitusi.

Daendels dulu memiliki pasukan bernama Jayeng Sekar. Pasukan berkuda yang dilengkapi karabin ini khusus menjaga

Jalan Raya Pos, Bandung.

ANRI.

perjalanan pegawai pos. Di kawasan Cirebon, misalnya, ketika itu masih marak pembegalan. Beberapa tahun sebelum kedatangan Daendels, di situ terjadi pemberontakan Bagus Rangin. Tingkat kriminalitas di sekitar Pantura memang sampai kini memiliki karakteristiknya sendiri.

Tempo juga menyusuri kawasan tempat pembuangan mayat pekerja rodi di zaman Daendels, yang juga menjadi tempat pembuangan mayat korban penembak misterius Orde Baru. *Tempo* berusaha pula mencari awal stasiun pos Daendels yang letaknya di kawasan Serang, Banten. Juga menyusuri kelenteng-kelenteng sepanjang Jalan Pos, yang sudah ada jauh sebelum Jalan Pos dibuat. Pada Cap Go Meh, arak-arakan joli yang diikuti liong dari kelenteng-kelenteng itu ada yang melewati jalan Daendels.

Jalan Daendels akhirnya tumbuh sebagai jalan industri. Daendels sendiri berhasil membuat produksi kopi meningkat. Sebelum kedatangan Daendels di daerah Priangan, hasil kopi setahun 120 ribu pikul. Daendels menargetkan 300 ribu pikul. Kopi dari pedalaman Priangan, yang biasanya menumpuk dan membusuk di gudang-gudang kopi Sumedang, Limbangan, Cisarua, dan Sukabumi, bisa diangkut ke Pelabuhan Cirebon dan Indramayu.

Jalur ekonomi jalan Daendels mulai "mati suri" ketika muncul kereta api. Jalur kereta Semarang–Brumbung–Tanggung diresmikan pada 1867, jalur Tanggung–Kedung Jati pada 1868, disusul jalur Jakarta–Bogor dibuat pada 1871-1873, kemudian ke seluruh Jawa. Jalur kereta itu dioperasikan multioperator antara BUMN Belanda dan 13 perusahaan swasta Belanda. Jalan kereta ini tidak mengikuti struktur jalan Daendels. Ia menembus topografi yang juga sama beratnya: melintasi bukit, ngarai, dan sungai. Hasil perkebunan kemudian lebih banyak diangkut dengan kereta daripada gerobak kerbau atau sapi di Jalan Pos.

Jalan Daendels bersinar kembali ketika truk muncul di awal abad ke-20. Sampai sekarang, truk menjadi "penguasa" Jalur Pantura. Yang disayangkan, jalur kereta api buatan Belanda itu setelah Kemerdekaan mengalami pemendekan. Banyak jalur tak digunakan. Intermoda antara jalur pos Daendels dan jalur kereta ke pelabuhan tak dicari sinkronisasinya.

Pembaca, pemerintahan Daendels hanya berlangsung tiga tahun. Ia pulang dan meninggal di Ghana sebagai gubernur jenderal pada umur 55 tahun. Tapi tiga tahun pemerintahannya di Jawa berdampak sampai sekarang. Itulah sebabnya liputan Anyer–Panarukan ini disajikan.

Dulu Jalan Pos, Kini Jalan Pabrik

Jalur Daendels sepanjang Pantai Utara Jawa kini dipenuhi pabrik. Masih dianggap strategis bagi pengusaha meski kini kepadatannya sudah abnormal. Pemerintah harus membangun jalan di jalur selatan.

JARUM *speedometer* mobil boks yang dikendarai Wahyono, 37 tahun, menyentuh angka 120 kilometer per jam. Bahkan, tak jarang, di jalan tol ia menekan pedal gas lebih dalam sehingga mobil milik eksportir melati segar PT Alamanda Sejati Utama itu melaju dengan kecepatan 140 km per jam. Wahyono terpaksa melakukannya jika pengepakan kuncup-kuncup melati super polos, melati gundul super, dan melati ronce aneka ukuran itu molor dua-tiga jam dari jadwal.

"Kalau telat dari pukul 03.00 sampai di Bandara Soekarno-Hatta bisa mendapat surat peringatan," kata pria asal Tegal itu. Seharusnya pengepakan selesai pukul 19.00 sehingga mobil Wahyono cukup melaju 80 km per jam. Keluar dari gerbang pabrik di Jalan Maribaya Kilometer 10,5, Kramat, Tegal, dia mengambil rute Jalur Pantai Utara (Pantura) Tegal-Brebes, yang termasuk Jalan Pos yang dibuka Herman Willem Daendels 207 tahun silam. Wahyono lalu masuk ke jalan tol Pejagan dan keluar di pintu tol Palimanan. Kemudian ia menyusuri Pantura Cirebon–Indramayu dan masuk ke jalan tol Cikampek–Cawang, terus ke Tol Dalam Kota Jakarta, dan Tol Bandara sampai ke Cengkareng.

Bagi PT Alamanda, berada dekat Jalur Pantura Jawa sebuah keharusan. Itu sebabnya, sejak membuka cabang di Tegal pada 2005, perusahaan eksportir buah, sayur, bunga, dan rempah-rempah yang berkantor pusat di Jalan Banjaran, Bandung, ini tiga kali berpindah tempat kontrakan, yang selalu di pinggir Jalur Pantura. Khusus kantor cabang Tegal berfokus pada ekspor bunga melati ke Thailand, Singapura, dan Malaysia.

"Kalau terlalu jauh (dari Jalur Pantura) boros waktu dalam pengirimannya, baik dari pemasok maupun dari kami ke bandara," ujar Dudi Rustandi, Supervisor PT Alamanda Sejati Utama Divisi Melati. Bukan hanya PT Alamanda yang mengandalkan Jalur Pantura sebagai akses pra dan pascaproduksi. PT Pisma Putra Textile, anak usaha Pisma Group, di Jalan Raya Pait Kilometer 10, Pekalongan, Jawa Tengah, juga memilih lokasi pabrik tepat di sisi Jalur Pantura. Pabrik pemintalan benang yang berdiri pada 1999 ini menghasilkan 7.500 bal benang pintal per bulan, yang menjadi bahan baku bagi anak usaha lain: PT Pisma Garmen Indo dan PT Pisma Textile, pabrik sarung terbesar di Pekalongan.

Lokasi dekat Pantura, menurut Dedi Sukma, Manager Staff Pisma Putra, strategis. Keluar-masuk barang lebih mudah dibanding tempat lain karena jalur itu menghubungkan seluruh Jawa dan dekat pelabuhan. Bahan baku berupa serat fiber, poliester, dan rayon didatangkan dari Semarang, Purwokerto, dan Bandung—semuanya lewat Pantura. Juga pengiriman sarung ke agen penjualan di Bandung dan Surabaya, juga ke Palembang dan Padang, serta diekspor ke Malaysia, Brunei, dan Dubai, via Tanjung Priok, Jakarta.

Pabrik pengepakan melati PT Alamanda Sejati Utama di Jalur Pantura, Desa Maribaya.

TEMPO/DINDA LEO LISTY

Slamet Susanto, koordinator bagian transportasi Pisma Putra, mengatakan belum ada jalur lain yang lebih baik daripada Jalur Pantura. Dalam sehari, tiga-empat truk kontainer perusahaannya melewati jalur tersebut. Pengangkutan barang dari PT Pismatex dan Pisma Putra dimulai pukul 19.00. Menurut dia, pada jam tersebut, Jalur Pantura masih sepi. Pantura mulai ramai pukul 12.00-17.00.

Lelaki yang sebelumnya bekerja sebagai sopir truk dan sudah 40 tahun melintasi Jalur Pantura itu mengatakan kini semakin banyak truk dan kendaraan lain yang melintasi jalur ini. Jalan yang cenderung lurus dan lebar menjadi pilihan para sopir truk dan pengemudi mobil pribadi untuk melintas ketimbang di jalur lain. Hal itu juga diiyakan Wahyono. Sepanjang pengamatannya, jumlah truk yang melintas di Jalur

Pantura semakin banyak dan perjalanannya tidak kenal waktu.

Djoko Murjanto, yang menjabat Direktur Jenderal Bina Marga Kementerian Pekerjaan Umum dan Perumahan Rakyat periode 2009–2014, membenarkan bahwa Jalur Pantura masih menjadi jalur favorit untuk lalu lintas logistik. Dia mengutip hasil survei yang dilakukan konsultan Bina Marga asal Australia bahwa Jalur Pantura menanggung beban 70-80 persen lalu lintas perekonomian Indonesia.

"Kepadatan Jalur Pantura sudah sangat abnormal. Kalau batas kewajaran itu 60 persen, yang terjadi di Pantura 85-90 persen," ucap Djoko, yang menjabat pelaksana tugas Direktur Jenderal Bina Marga sampai 5 Mei 2015. Kepadatan itu terjadi, kata dia, karena sistem logistik nasional Indonesia yang kurang efisien memanfaatkan kepulauan Indonesia. "Bayangkan kalau mau kirim barang ke luar negeri dari Medan harus dikapalkan dulu ke Surabaya, lalu masuk Pantura menuju Tanjung Priok sebagai *hub* internasional," ujarnya. "Sekarang pemerintah sedang menata dengan membangun tiga *hub* internasional di Semangke, Sumatera Utara; Tanjung Priok; dan Bitung, Sulawesi Utara," tutur Djoko.

Selain itu, Djoko menyebutkan masih ada persoalan sistem transportasi yang tidak efisien. Menurut dia, sebesar 92 persen transportasi di Indonesia menggunakan jalan raya. Sebagai perbandingan, "Di Jalur Pantura sendiri yang membentang dari Merak sampai Banyuwangi itu, volume kendaraan yang melintas harian adalah 40 ribu," ujarnya. Dari angka tersebut, 42 persen merupakan lalu lintas barang yang diangkut dengan kendaraan berat.

Bina Marga, menurut Djoko, sejak 2015 mengupayakan percepatan penyelesaian jalan tol Trans Jawa dan Jalan Lintas Selatan Jawa. Dia optimistis, semua persoalan tanah untuk jalan tol Trans Jawa selesai pada akhir 2016 sehingga konstruksi bisa dimulai dan awal 2018 sudah berfungsi. Persoalan lahan Jalan Lintas Selatan, kata Djoko, pun sudah selesai. Tidak ada persoalan juga dengan pendanaannya. "Dari Banten, semua sudah tembus sampai Jawa Barat. Di Jawa Tengah, ada sekitar 40 kilometer yang tahun ini [2015] selesai dikerjakan dan di Jawa Timur sudah ada progres 80 kilometer. Dua tahun lagi [2017] sudah selesai," ucapnya.

Keberadaan Jalan Lintas Selatan Jawa tak hanya akan mengurangi beban Jalur Pantura, tapi juga akan mengatasi kesenjangan kesejahteraan antarwilayah di utara dan di selatan Jawa. Ign. Sigit Murwito, Deputi Direktur Eksekutif Komite Pemantau Pelaksanaan Otonomi Daerah, mengatakan ketimpangan kesejahteraan itu terlihat dari jumlah kabupaten/kota yang tergolong daerah tertinggal. "Dari 22 kabupaten/kota di Pantai Selatan Jawa, ada 9 kabupaten yang tergolong daerah tertinggal. Sedangkan dari 25 kabupaten/kota di Pantai Utara Jawa, hanya Rembang dan Situbondo yang tergolong daerah tertinggal," ujar Sigit.

Penyebab ketimpangan itu, menurut Sigit, di antaranya kurang lancarnya mobilitas barang dan jasa di Pantai Selatan dan kegiatan ekonomi wilayah, seperti kawasan industri dan pabrik, terkonsentrasi di Jalur Pantai Utara. "Untuk mengendalikan ketimpangan ini, perlu penyebaran pembangunan infrastruktur dan pembangunan pusat-pusat pertumbuhan baru di wilayah Pantai Selatan," katanya.

Pantura Palsu yang Lebih Ramai

Beberapa ruas jalan Daendels dihindari karena ada jalan baru yang lebih lebar dan dianggap sebagai terusan Pantai Utara, meski jalan itu tidak menyusuri Pantura.

JALAN Raya Pos pecah menjadi dua di Tuban. Yang lurus ke Sedayu via Paciran terus menyusuri sisi pantai sampai ke Gresik merupakan jalur lama buatan Herman Willem Daendels. Sedangkan yang turun ke selatan melewati Lamongan ke Gresik adalah jalur baru yang dibuat pada 1930-an.

Kebanyakan orang kini mengenali jalur baru ini sebagai kelanjutan dari Jalur Pantai Utara (Pantura), yang membentang sepanjang pesisir utara Jawa dari Cirebon sampai Tuban, meski tidak menyusuri pantai.

Para sopir dari Tuban yang akan ke Gresik kebanyakan memilih menggunakan jalur baru ini lantaran jaraknya lebih dekat dibanding Jalan Raya Pos. Jarak antara Tuban dan Gresik melalui jalur Daendels 88 kilometer, sedangkan bila melalui "Pantura palsu" itu jauhnya 81 kilometer.

Priyono, sopir truk 14 roda, misalnya. Ahad, 10 Mei 2015, ia mendapat tugas mengantar bahan baku parafin dari

Bojonegoro ke markas perusahaan kilang minyak di pelabuhan Lamongan Integrated Shorebase. Alamatnya di jalan Daendels Kilometer 64-65, Kecamatan Paciran, Lamongan.

Satu-satunya cara menuju lokasi adalah dengan menyusuri jalan Daendels asli itu. "Kalau tidak terpaksa, saya tidak akan lewat jalan ini," kata pria 40 tahun tersebut. Priyono malas melewati jalan Daendels karena ada portal saringan truk Jembatan Sembayat di ruas Kecamatan Manyar, Gresik. Dinas Perhubungan menerapkan sistem buka-tutup sejak jembatan yang pada 2012 nyaris ambrol itu diperbaiki. Truk yang rodanya lebih dari enam hanya boleh lewat pada waktu-waktu tertentu. Akibatnya, jika tersendat di sana, waktu tempuh jadi tak terduga.

Sopir truk logistik 12 roda, Budi Triyono, punya alasan lain. Pria 53 tahun itu lebih suka "Jalan Pantura" baru karena banyak tempat peristirahatan bagi pengemudi. Di sana hampir setiap 500 meter ada warung tempat kongko sopir truk. "Kalau di jalan Daendels tidak ada," ujar Budi.

Lebar jalan Daendels asli Tuban–Gresik 6 meter dan dipakai oleh kendaraan dari dua arah. Sedangkan Jalur Pantura baru itu lebar untuk satu arah bisa 9-10 meter. Kendati aspalnya sama-sama mulus, "Jalan Pantura palsu" rupanya lebih diminati. Sejauh pengamatan *Tempo*, memang truk besar jarang melewati jalan Daendels. Jikapun ada, hanya truk-truk bermuatan kecil beroda empat atau enam. Yang lewat sana umumnya kendaraan kecil, seperti mobil keluarga, sedan, dan minibus. Sesekali saja lewat bus.

Sementara itu, di "Pantura palsu", jalanan tampak seperti lautan tronton. Kepala Satuan Tugas Jembatan Timbang Widang Tuban-Banyuwangi Wiyoso mengatakan dalam sehari bisa 1.500-2.000 truk melalui Jalan Pantura. Mereka yang melalui Tuban umumnya hendak melanjutkan perjalanan ke Surabaya, Malang, Banyuwangi, hingga Bali.

"Yang lewat jalan Daendels itu biasanya truk yang menghindari jembatan timbang. Sebab, di sini kalau ketahuan kelebihan muatan harus bayar denda," katanya.

***

JOYO Isnadi, pada 2015 berusia 100 tahun, mungkin adalah saksi mata jalan Daendels lama. Kakek ini sejak kecil hingga kini tinggal di rumah persis di tepi jalan itu. Ia mengatakan jalan Daendels pada masa kecilnya sangat sepi. Jalan itu baru ramai sejak banyak perusahaan membuka pabrik di sana. "Sebelumnya sepi. Dari zaman Belanda sampai Soeharto sepi," ucap Joyo.

Dulu, menurut dia, sejauh pandangan mata, rumah di pinggir jalan Daendels masih bisa dihitung jari. Berbeda dengan sekarang, rumah berimpitan satu sama lain. Joyo mengatakan ruas jalan Daendels di depan rumahnya diaspal pada 1936. Proyek itu digerakkan oleh pemerintah Belanda. Berbeda dengan cara-cara Daendels, pemerintah Belanda tak lagi menerapkan kerja paksa. "Semuanya diupah," ujar Joyo.

Pada tahun itu, kata Joyo, juga sudah ada cabang jalan di Tuban yang mengarah ke selatan. Pangkalnya di Tuban dan berakhir di Gresik. Cabang jalan itu kemudian berkembang menjadi Jalan Pantura. "Cabang itu sudah lama sekali, sejak 1930-an," tuturnya.

Ketua Himpunan Nelayan Seluruh Indonesia Cabang Lamongan Agus Mulyono mengatakan hal serupa. Nelayan yang juga jadi Kepala Desa Kandang Semangkon, Kecamatan Paciran, Lamongan, ini mengatakan, sekitar tahun 1995, jalan Daendels di depan rumahnya serupa kawasan mati. Jarang sekali kendaraan hilir-mudik di sana. "Dulu di sini masih sangat sepi," katanya.

Sejak pemerintah Lamongan menetapkan pesisir Pantai Utara menjadi daerah pariwisata dan kawasan industri, daerah tersebut jadi hidup. Dalam 15 tahun terakhir, kawasan

Joyo Isnadi.

TEMPO/ARIS NOVIA HIDAYAT

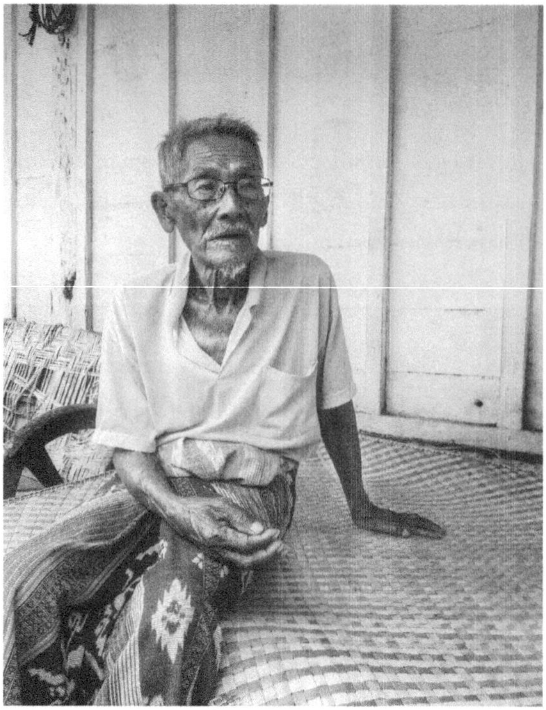

pesisir Pantai Utara yang dilewati jalan Daendels cukup ramai. Kepala Badan Perizinan dan Penanaman Modal Lamongan Chairil Anwar mengatakan banyak pabrik baru didirikan di sana, dari pabrik pupuk hingga pabrik pembuatan karung goni.

Pada 2013, pemerintah membangun tempat pelelangan ikan di Kecamatan Berondong, yang menjualbelikan tangkapan di laut sampai 300 ton per hari. Tempat itu merangsang pertumbuhan industri perikanan di sana. Chairil mengatakan setidaknya ada 12 pabrik pengolah hasil laut didirikan di pesisir Lamongan.

Pusat keramaian lain di pesisir Lamongan adalah Wisata Bahari Lamongan, yang dibangun berdekatan dengan tempat wisata Gua Maharani dan Tanjung Kodok. Di kawasan wisata yang dibangun di atas lahan seluas 18 hektare itu terdapat 40 lebih wahana bermain, dari *roller coaster* mini hingga kolam renang raksasa. Saat musim libur, 5.000-7.000 pengunjung bertandang ke taman rekreasi yang dibangun perusahaan Jatim Group itu. "Kami membuka taman rekreasi di sini karena mem-

Jalan Raya Pos di Kecamatan Manyar, Gresik, Jawa Timur.

TEMPO/ARIS NOVIA HIDAYAT

permudah masuknya investasi," ujar Didik, Marketing Executive Wisata Bahari.

Kartiamah, 44 tahun pada 2015, pemilik warung di dekat lokasi wisata tersebut, mengatakan sarana rekreasi itulah yang membuat jalanan Daendels ramai. "Sebelum ada ini, ya, sepi-sepi saja," ucapnya.

***

PERUBAHAN peran jalan Daendels tak hanya terjadi di ruas Tuban–Gresik. Sepanjang Anyer hingga Panarukan, ada banyak kasus serupa. Salah satu yang terpanjang adalah jalan Daendels ruas Jakarta–Bandung, yang telah tergantikan oleh jalan tol Cikampek–Padalarang (Cipularang), yang dioperasikan pada 2005. Adanya jalan tol Cipularang membuat rute Bogor–Puncak–Padalarang tak laku. Yang dulu jadi jalur logistik, kini lebih condong jadi jalur wisata.

Begitu juga jalan Daendels di ruas Palimanan hingga Cirebon. Jalan Daendels yang membentang hingga 70 kilometer itu tergantikan oleh jalan tol Palimanan–Kanci, yang dioperasikan pada 1998.

Sepuluh Instruksi Mas Galak

Di Belanda, tersimpan dokumen instruksi pembuatan Jalan Pos. *Tempo* mengunjungi Hattem, kota masa kecil Daendels. Dia lebih diingat sebagai bagian dari kaum patriot pembela Revolusi Prancis.

NATIONAAL Archief Den Haag, Belanda. Di situlah dokumen sepuluh instruksi Herman Willem Daendels untuk pembuatan Jalan Pos rute terganas Buitenzorg–Karangsambung tersimpan. Dokumen dalam bahasa Belanda kuno itu sudah buram dan tidak terbaca lagi.

Tempo mendapat salinan dokumen itu dalam bentuk stensilan yang dibuat J.A. van der Chijs. Salinan tersebut bertarikh 1895. Dalam buku salinan dokumen berjudul *Nederlandsch-Indisch Plakaatboek 1602-1811* jilid ke-14 itu, kesepuluh pasal instruksi Daendels dijabarkan.

Dari pasal-pasal tersebut, kita dapat melihat bagaimana awal mula Daendels memerintahkan pembuatan jalan yang kini menjadi lalu lintas pabrik itu. Di pasal 2, misalnya, disebutkan jalan ini harus dibuat selebar 2 *roed rijn* atau sekitar 7,5 meter. Pada setiap jarak sekitar 150 meter harus didirikan tonggak atau *paal* untuk menjadi penanda jarak serta penanda distrik dan penduduk untuk memeliharanya.

Pembangunan dari Cisarua ke Cianjur disebut di situ membutuhkan 1.100 kuli yang didatangkan dari Jawa. Yang menarik, dalam pasal 4 dan 5 disebutkan secara rinci jumlah kuli beserta upahnya. Dari Cisarua ke Cianjur 400 orang, dari Cianjur ke Rajamandala 150 orang, dari Rajamandala ke Bandung 200 orang, dari Bandung ke Parakanmuncang 50 orang, dan dari Parakanmuncang ke Sumedang 150 orang.

Adapun upahnya per kuli dari Cisarua ke Cianjur 10 ringgit, dari Cianjur ke Rajamandala 4 ringgit, dari Rajamandala ke Bandung 6 ringgit, dari Bandung ke Parakanmuncang 1 ringgit, dari Parakanmuncang ke Sumedang 5 ringgit, dan dari Sumedang ke Karangsambung 4 ringgit.

Untuk penanganan dan pengawasan proyek jalan ini, Daendels menginstruksikan pasukan zeni pimpinan Kolonel Von Lutzow. Mereka harus menyiapkan peralatan untuk membabat hutan dan menghancurkan bebatuan. Von Lutzow dibantu dua insinyur sipil, yang salah satunya bertanggung jawab atas pembangunan jalan dari wilayah Cisarua ke Cianjur, yang dianggap sangat sulit karena menembus bukit, rawa, sungai, dan dataran tinggi.

***

DAENDELS lahir di kota kecil Hattem, Gelderland, Belanda, 21 Oktober 1762, sebagai anak kedelapan dari 13 bersaudara keluarga Burchard Johan Daendels dan Josina Christina Tulleken. *Tempo* sempat mengunjungi bekas rumah masa kecil Daendels di Hattem. Tak banyak informasi yang menyebutkan bagaimana Daendels melewati masa kecil hingga remajanya di Hattem.

Boleh dibilang, namanya dicatat warga kota ketika dia aktif dalam gerakan kelompok patriot Belanda. Ini adalah gerakan kaum muda Belanda yang sangat terpesona oleh perjuangan kelompok patriot Prancis yang menggulingkan ke-

Herman Willem Daendels, 1838, karya Raden Saleh.

SCHILDERIJENCOLLECTIE RIJKSMUSEUM

kuasaan Louis XVI. Gerakan kelompok itu mempengaruhi Daendels ketika dia kuliah di Fakultas Hukum Universitas Harderwijk pada 1781. Dia mengikuti kuliah guru besar hukum patriot, P.A. Roscam. Ia berkenalan dengan gagasan-gagasan ketatanegaraan dan filsafat modern serta demokratisasi.

Lulus kuliah, Daendels pulang ke kota kelahirannya, Hattem, dan mulai berkecimpung di gerakan patriot lokal. Bersama kaum patriot Belanda, Daendels melakukan upaya penggulingan kekuasaan terhadap Stadhouder (kepala negara) Pangeran William Oranje V, yang anti-Revolusi Prancis. "Pada 1780-an, di Belanda terjadi konflik antara pihak Oranje yang anti-Napoleon dan kelompok patriot yang kagum terhadap Revolusi Prancis dan menentang kekuasaan hierarkis," kata Dr Nico Schulte Nordholt, guru besar Universitas Twente, Belanda, dan peneliti tentang Indonesia, kepada *Tempo*.

Upaya kudeta itu bisa digagalkan Pangeran William V. Daendels melarikan diri ke Dunkerque, Prancis Utara. Di sana, dia bergabung dengan Legiun Pasukan Asing Prancis (Legion Etrangere) pimpinan Napoleon Bonaparte dan adiknya, Louis Napoleon. Setelah pasukan gabungan Prancis-Belanda berhasil mendesak Pangeran William V keluar dari Belanda, Daendels kembali ke Belanda.

Tatkala Louis (Lodewijk) Napoleon menjadi Raja Belanda itulah ia mengirim Daendels ke Jawa. Daendels diangkat sebagai Gubernur Jenderal Hindia Belanda. Raja Louis memberikan dua titah utama kepada Daendels: menyelamatkan Jawa dari serangan Inggris dan membenahi sistem administrasi di Jawa.

"Daendels dianggap dapat memperjuangkan kepentingan dan membela martabat Prancis di Hindia Timur," kata Djoko Marihandono, sejarawan yang meneliti hubungan antara Prancis dan koloninya di Hindia Timur. Menurut Djoko, Daendels satu-satunya jenderal di mata Louis yang dianggap mampu mempertahankan Jawa tak dicaplok Inggris dan bisa memperbaiki sistem administrasi pemerintahan di Hindia Belanda. "Raja Louis khawatir terhadap masa depan Pulau Jawa, terutama setelah Isle de France dan Mauritius jatuh ke tangan Inggris pada 1807," ujar Djoko. Sebelum bertolak ke Jawa, Daendels menghadap Kaisar Prancis Napoleon Bonaparte di Istana Tuileries, Paris.

Pada 5 Januari 1808, Daendels selamat sampai di Jawa. Daendels, yang menggantikan Gubernur Jenderal Albertus Henricus Wiese, segera membangun sekolah militer di Batavia dan mendirikan Benteng Lodewijk di Surabaya. Dia juga merombak administrasi pemerintahan. "Ia melakukan pengontrolan ketat atas para pejabat, dan sesungguhnya melakukan pemberantasan korupsi," kata Djoko.

Menurut Djoko, Daendels menaikkan gaji pegawai pemerintah, tapi tak memperbolehkan mereka berdagang. Ia juga melarang semua pegawai menerima atau mengirim parsel kepada atasan. Daendels pun melarang para bupati, residen, dan pegawai menjadi agen kopi atau lada, untuk menghindari kecurangan mempermainkan bobot timbangan. Ia juga mengeluarkan peraturan larangan pembalakan liar. Kayu dari daerah disimpan di gudang pemerintah dan diberi kode-kode resmi. Barang siapa membawa kayu tanpa kode akan diberi sanksi keras.

Sejarawan asal Inggris, Peter Ramsay Carey, 67 tahun pada 2015, menyebut Daendels sosok kuat yang tidak ragu menggunakan kekerasan untuk mencapai tujuannya. Banyak orang menjadi korban demi ambisinya. "Dia mengeksekusi orang yang menghalangi jalannya atau mengecewakannya lewat grup tembak," ujar Carey.

Daendels mengawali pembangunan jalan raya itu dengan memerintahkan perbaikan dan pelebaran jalan Anyer–Batavia, yang saat itu sudah ada. Sebelum jalan itu diperkeras dan dilebarkan, waktu tempuh Anyer–Batavia mencapai empat hari. Setelah jalannya diperbaiki, Anyer–Batavia bisa ditempuh hanya dalam sehari. Perbaikan jalan ini relatif mudah karena medannya datar.

Pembangunan Jalan Raya Pos Batavia–Buitenzorg (Bogor) juga tak menemui kesulitan berarti. Menurut Sobana Hardjasaputra, 71 tahun pada 2015, sejarawan dari Universitas Padjadjaran, Bandung, ruas Anyer–Bogor merupakan hasil perbaikan jalan lama yang sudah ada. "Jalan Pos di ruas itu sebagian besar merupakan pelebaran jalan setapak," katanya.

Lain halnya ketika mengerjakan ruas Buitenzorg–Karangsambung di Karesidenan Cirebon sepanjang 250 kilometer. Jalan ini terdiri atas ruas Cisarua–Cianjur–Rajamandala–Bandung–Parakanmuncang–Sumedang–Karangsambung. Jalan yang dibangun sebagian besar merupakan jalan baru, menembus hutan belantara, perbukitan berbatu cadas, dan gunung-gunung tinggi.

Di wilayah Bandung, misalnya, Jalan Pos yang dibuat warga harus menembus hutan. Pepohonan besar ditebang. Dari gambar arsip, batang-batang kayu tebangan itu diangkut oleh gajah. Menurut Sobana, saat itu diperkirakan masih ada gajah di Jawa, termasuk di Bandung dan sekitarnya. Mengacu pada petunjuk dari nama tempat, kata Sobana, ada daerah bernama Leuwigajah atau "kubangan gajah" di Cimahi. "Lalu Palimanan di Cirebon. Liman kan artinya gajah," ujarnya.

Setelah pembangunan sampai ke Karangsambung, Residen Cirebon mengajukan permohonan agar pekerjaan diteruskan melewati karesidenannya. Demikian pula Residen Pekalongan. Jalan Raya Pos semakin panjang, menyusuri pantai utara Jawa Tengah dan Jawa Timur, hingga berakhir di Panarukan. Korban pun terus berjatuhan. "Makanya Daendels dikenal sebagai 'Mas Galak'. Selama pembangunan Jalan Pos, tak segan dia membentak pekerja. Ia marsekal besi," kata Sobana.

Jalanan itu sendiri kemudian termasuk yang terbaik dan terpanjang di dunia pada masanya. "Sama dengan jalan raya Amsterdam–Paris," tulis Pramoedya Ananta Toer dalam bukunya, *Jalan Raya Pos, Jalan Daendels*.

Ia Tak Begitu Dikenal di Hattem

DI kota kelahirannya sendiri, Hattem, jejak Daendels tak banyak ditemukan. *Tempo* menyusuri kota kecil itu. Jejak jenderal bertangan besi ini hanya terdapat di Museum Voerman, museum sejarah Kota Hattem.

Informasi mengenai Daendels hanya sebagian kecil dari apa yang disajikan di museum tersebut. Koleksi tentang Daendels menempati sebuah ruangan yang dinamai "Daendels Zaal". Di ruangan itu terdapat lukisan Daendels saat memimpin kelompok patriot dan lukisan foto Daendels sebagai gubernur jenderal. Baju kebesaran militer Daendels lengkap dengan pedang dan kalungnya juga dipajang. Informasi tentang Daendels dapat dilihat melalui sebuah televisi plasma yang berada di pojok ruangan serta sebuah buku.

Menurut salah seorang petugas museum, rata-rata pengunjung yang datang ke museum tidak secara khusus ingin melihat koleksi Daendels. Pengunjung umumnya tertarik mencari informasi mengenai sejarah dibangunnya Kota Hattem pada 1299. Juga kebanyakan pengunjung ingin melihat karya berbagai pelukis yang berasal dari Hattem.

"Nah, saat memasuki museum itulah mereka jadi tahu bahwa ada seorang pemimpin kelompok patriot bernama Daendels yang berasal dari Kota Hattem. Jadi Daendels bukanlah tokoh favorit warga Belanda," ujar petugas itu.

Sepak terjang Daendels sebagai orang Belanda yang membela kepentingan Prancis memang selama ini dinilai kontroversial. Dia dicap pengkhianat bagi Belanda dan dianggap pahlawan bagi Prancis. Tapi, menurut Peter Ramsay Carey,

Rumah tinggal Daendels di Hattem.

TEMPO/YUKE MARYATIH

sejarawan asal Inggris, Daendels tidak bisa dikatakan sebagai pengkhianat. Sebab, posisi Prancis saat itu sama dengan Jepang pada Perang Dunia II di Jawa.

"Mereka datang sebagai pembebas dari penindasan Stadhouder (kepala negara Belanda) Pangeran William Oranje V dan memperkenalkan sistem kekuasaan republik," kata Carey. "Daendels adalah pendukung dan menjadi anggota Unitarian Party yang menginginkan Belanda bersatu dengan Prancis. Dan saat itu banyak orang yang berpikiran sama dengan dia."

Carey menambahkan, Prancis saat itu benar-benar dilihat Daendels sebagai sekutu dalam melawan feodalisme. Carey mengingatkan, Daendels memimpin revolusi patriot melawan Stadhouder pada 1786, sebelum melarikan diri ke

Prancis. "Jadi, ketimbang Daendels, bisa dibilang Stadhouder Pangeran William Oranje-lah, yang membawa pedagang asing untuk menopang singgasananya, yang merupakan *the real* pengkhianat," ujar sejarawan yang pernah meneliti Daendels ini.

Tapi di Belanda sendiri tak banyak orang tahu tentang Daendels. Apalagi generasi sekarang. Itu diakui Koos van Brakel, Kepala Pengelolaan Koleksi Museum Nasional Budaya Dunia, Belanda. "Hanya para akademikus dan peneliti yang tahu Daendels," katanya. "Maka benda yang dipamerkan di Tropenmuseum yang berkaitan dengan Daendels hanya satu, yakni lukisan tentang *grote post*."

Menurut Gerrit Kouwenhoven, Kepala Kantor Arsip Wilayah Hattem, rumah tempat Daendels lahir dan menghabiskan masa kecil hingga remajanya di Jalan Kerkstraat Nomor 38, yang berjarak sekitar 150 meter dari museum, juga tak begitu dikenal. Di rumah bercat abu-abu dan putih itu, lantai pertamanya kini menjadi toko pakaian Mode Janse dan lantai keduanya apartemen. Begitu pula keberadaan rumah tinggal Daendels yang merupakan warisan dari mertuanya di nomor 9 pada jalan yang sama. Ketika *Tempo* bertanya kepada enam orang di sana, hanya satu yang bisa menunjukkan letak rumah yang kosong sejak istri Daendels wafat pada 1848 yang di depannya terdapat plang bertulisan "Daendels Huis" itu.

Jejak Gelap Titik Nol Anyer

Tak banyak data menyebutkan ihwal pembangunan Jalan Raya Pos di wilayah Banten. Multitafsir tentang titik nol Anyer–Panarukan.

HUJAN baru saja berhenti. Dua pemuda itu menikmati pemandangan laut. Di tepi dermaga, mereka mendatangi tugu titik nol setinggi hampir satu meter yang dibangun pada Juni 2014. Tak jauh dari tugu peringatan itu, terlihat Mercusuar Anyer, yang sedang dibenahi *paving block*-nya di bagian kaki menara. Di sinilah selama ini khalayak menganggap titik nol alias awal pembangunan jalan raya yang membentang dari Anyer sampai Panarukan sepanjang 1.000 kilometer.

Mercusuar ini berada di pinggir Jalan Raya Anyer, Anyer Kidul, Cikoneng, Serang. Titik awal pembangunan Jalan Raya Pos atau Grote Postweg hingga kini masih belum disepakati apakah betul persisnya di Mercusuar Anyer. Pernah ditulis dalam tugu penanda (kini tugu itu sudah tak ada) titik nol dengan angka 1806. Padahal Gubernur Jenderal Hindia Belanda Herman Willem Daendels menginjakkan kaki di Jawa pada 1808.

Prasasti titik nol kilometer pembangunan Jalan Anyer–Panarukan di Pantai Bojong, Anyer, Kabupaten Serang.

TEMPO/DHEMAS REVIYANTO

Sejarawan Universitas Indonesia, Djoko Marihandono, yang banyak mempelajari Daendels, menyebutkan Daendels turun dari kapal di Pelabuhan Anyar (Pelabuhan Anyer sekarang). Dia juga menduga titik nol berada di Pantai Anyar, meski sekarang sudah tak ada jejak dan menjadi laut.

Pelabuhan Anyer kini merupakan pelabuhan kecil yang sepi, tak jauh dari Pasar Anyer. Letaknya 400 meter masuk melalui jalan selebar tiga meter dari Jalan Raya Serang. Di pelabuhan itu hanya terdapat dua bangunan milik Kementerian Perhubungan, halamannya ber-*paving block*, dan beberapa perahu nelayan tertambat. Siang itu *Tempo* melihat tak ada aktivitas bongkar-muat.

Mantan Ketua Bantenologi IAIN Sultan Maulana Hasanuddin, Mufti Ali, juga tak yakin apakah titik nol dimulai dari Pelabuhan Anyar atau di dekat mercusuar. Sebab, menurut dia, mercusuar itu sudah ada sebelum Daendels datang. "Kalau hadis, tempat mendaratnya Daendels dan titik nol pembangunan itu hadis yang belum sahih," ujarnya.

***

DARI mercusuar itu, jalur ke utara adalah jalur menuju Jakarta melalui Cilegon dan Serang. Sepanjang kiri-kanan jalan kini merupakan kawasan industri berat. Selepas dari Kota Serang, jalan ke Jakarta bisa ditempuh melalui Ciruas, Kragilan, dan Cikande. Di sini kini juga terdapat belasan pabrik—pabrik gula, kopi, baja, bahan kimia, dan lainnya. Setelah Cikande, jalan sedikit berbelok, menuju Balaraja, hingga menembus Jalan Daan Mogot, yang merupakan wilayah Tangerang. Truk kontainer dan bus antar-jemput karyawan pabrik memadati kawasan ini.

Sebelum ada jalan tol Jakarta–Merak, rute Cilegon–Serang–Ciruas–Kragilan–Cikande–Balaraja ini merupakan rute utama Jakarta–Serang hingga Merak. Djoko Marihandono menjelaskan bahwa rute ini sebagai rute asli Grote Postweg. "Cuma satu itu jalan, lurus sampai masuk Daan Mogot," ujarnya.

Yang memperkuat bukti jalan raya ini merupakan jalan asli Raya Pos adalah pada masa lalu lebar jalan ini tujuh-delapan meter, di sisi kiri-kanan jalan terdapat parit sebagai tanda jalan ini terpelihara. Setiap beberapa meter ditanami pohon asam atau pohon ambon atau semacam pal, tugu kecil. "Saya masih lihat jalan itu sejak saya kecil sampai 1990-an, hilang ketika mulai pelebaran jalan," ujar Mumu Muhtadi, salah seorang tokoh di Desa Cikande.

Di rute asli ini kini tak banyak bus antarkota atau antarprovinsi melintas. Bus antarprovinsi yang kerap terlihat hanya sampai Balaraja. Untuk mencapai Serang, penduduk hanya mengandalkan kendaraan pribadi atau angkutan kota. "Dulu *mah* ramai. Tanggung juga kali ya untuk bus. Sekarang, ya, cuma bus jemputan karyawan yang banyak," ucap Hafid, 39 tahun pada 2015, warga Kragilan.

***

Jalan Raya Pos Anyer, 1880.

ANRI

YANG menarik, ada sejarawan yang menyebutkan Daendels juga membangun jalur selatan melewati Lebak hingga Jasinga. Jalur menuju pedalaman ini, menurut pensiunan Pusat Penelitian Cagar Budaya Serang, Obay Sobari, adalah untuk mengangkut hasil bumi dan perkebunan. Sedangkan menurut pengajar sejarah di program studi sejarah STKIP Setiabudi Rangkasbitung, Neli Wachyoedin, rute Lebak–Jasinga juga dimanfaatkan penguasa lokal Kesultanan Banten.

Tapi data tentang "cabang lain" jalan Daendels di Anyer ini masih minim. Cerita tentang pembangunan Jalan Raya Pos di kawasan Banten tak banyak terkuak. Wachyoedin menduga ada data perjalanan Daendels yang belum dipublikasi. Dia mendengar, untuk pengerjaan jalan Tangerang–Balaraja, Daendels meminjam tenaga kerja rodi etnis Tionghoa dari Kapiten Tionghoa dari Sewan hingga 8.000 orang. Di Anyer, Demang Cilegon konon mengerahkan buruh perkebunan kapas hingga 2.700 orang. "Mencari tenaga kerja pribumi di Banten saat itu sangat sulit karena orang Banten saat itu banyak yang mengungsi, terutama ke Lampung, ketimbang dipaksa bekerja," kata Wachyoedin.

Dari data sejarah Kesultanan Banten sendiri, Daendels minta buruh untuk proyek pembangunan pelabuhan Teluk Lada, Ujung Kulon, buat pertahanan militer sebanyak 1.000-1.500 orang per hari. Sultan Aliyudin II menolak memenuhi permintaan Daendels. Menurut Mufti Ali, utusan Daendels, Letnan Du Puy, malah dipenggal kepalanya dan memicu kemarahan Daendels.

"Ini yang kemudian memicu Daendels membumihanguskan Keraton Surosowan pada 22 November 1808," ujar Mufti Ali. Cerita tentang Letnan Du Puy sangat terkenal di masyarakat. Bahkan sempat muncul cerita mistis. Ada yang pernah melihat sosok tinggi besar tanpa kepala muncul di dekat sisa-sisa pintu gerbang Keraton Surosowan kini.

Di Antara Rute Sultan Agung dan Bujangga Manik

Jauh sebelum Daendels membuat rute Trans Jawa, sudah ada rute jalan yang dilalui Sultan Agung dan seorang resi bernama Bujangga Manik.

DUA kali Sultan Agung berusaha menyerang Batavia, pada 1628 dan 1629. Serangan pertama dipimpin Tumenggung Bahurekso dari Tegal. Serangan kedua dipimpin Adipati Ukur. Dalam serangan kedua, pasukan Mataram mendirikan lumbung-lumbung beras di Cirebon, Gebang, dan Karawang.

Selain dengan armada kapal yang digerakkan dari Jepara dan Tegal, Sultan Agung mengerahkan pasukan darat yang berkonvoi dari Yogyakarta menuju Batavia. "Pasukan Sultan Agung itu melalui Purwokerto, lalu menyisir ke arah barat melalui utara," kata Suhartono, guru besar sejarah Fakultas Ilmu Budaya Universitas Gadjah Mada. Ia memperkirakan sebelum serbuan ini dijalankan pun jalan yang digunakan pasukan Mataram tersebut sudah ada. "Karena sulit tentunya untuk sebuah ekspedisi militer jika harus membuka jalur lebih dulu, apalagi jika jalurnya belum diketahui," ujarnya.

Suhartono memperkirakan ada kemungkinan Herman Willem Daendels menggunakan jalan setapak karena alasan ekonomi. Selain menghemat biaya, langkah ini sangat menguntungkan karena jauh lebih mudah dalam merekrut pekerja. "Saat itu sudah banyak permukiman di Pantai Utara. Juga mudah memerintahkan penguasa lokal mengerahkan tenaga kerja untuk menyelesaikan Jalur Pos," katanya. Suhartono memperkirakan pertemuan antara rute perjalanan Sultan Agung dan Jalan Pos ada di Tegal atau Brebes. "Mulai dari titik itu Daendels meneruskan ke sepanjang pantai utara arah timur," ujarnya.

Akan halnya Sudarmawan Yuwono dari PT Pos Indonesia, ia melihat jalur jalan di masa Sultan Agung sesungguhnya bisa dilihat dari *Babad Tanah Jawi*. Dalam *Babad Tanah Jawi* disebutkan pasukan Mataram sudah harus berangkat dari Ibu Kota Kerta (sebelah tenggara Kota Yogyakarta) pada bulan Mei. Untuk mencapai Batavia diperlukan perjalanan 90 hari. Rute yang dipakai adalah menyusuri Pantai Utara Jawa Tengah, yaitu Pekalongan, Tegal, dan Cirebon, lalu membelok masuk pedalaman Jawa Barat, yakni Sumedang, Cianjur, dan Pakuan (nama Bogor belum ada), lalu turun ke Ciliwung menuju Batavia. "Saat itu kota-kota di sepanjang jalur tersebut pasti sudah hidup," kata Sudarmawan.

Geografi Jawa Tengah pada abad ke-17 juga dapat ditelusuri dari buku Fruin Mees, *De Geschiedenis van Java*. Buku ini memuat beberapa catatan perjalanan dari Batavia ke Mataram, termasuk rute perjalanan utusan VOC untuk beraudiensi kepada Sultan Agung di Keraton Kerta. Dari Batavia, mereka biasanya naik perahu menuju Tegal lewat Cirebon dan dari sana naik kuda ke timur lewat Sumber, Pemalang, Wiradesa, Pekalongan, Batang, dan Subah. Lalu masuk ke pedalaman Jawa Tengah, mendaki lereng Gunung Pakiswiring, Larangan, Tajem, yang kemudian turun menyusuri pinggir

Lukisan Sudjojono, *Pertempuran Sultan Agung dan J.P. Coen.*

ANRI

Kali Progo lewat Jumo, Pakis, Payaman, Tidar, Sukerwe, Turen, Ariapati, Minggir, dan Pingit, yang letaknya dua jam perjalanan dari ibu kota Mataram.

Pendapat bahwa Daendels memanfaatkan jalan-jalan tradisional sebelumnya juga disepakati Agus Aris Munandar, guru besar arkeologi Fakultas Ilmu Budaya Universitas Indonesia. "Misalnya jalan dari Batavia ke Bogor, itu sangat mungkin karena itu adalah jalan yang sudah lama ada," ujarnya. Agus memperkirakan ada beberapa segmen jalan dari Sultan Agung, bukan semuanya yang digunakan Daendels. "Karena rutenya ringkas, merupakan jalur ekonomi, dan strategis untuk pertahanan." Berbeda dengan pendapat ketiga pakar di atas, sejarawan Peter Carey memilih berhati-hati tentang rute Sultan Agung yang digunakan Daendels. "Saya belum memiliki bukti tentang jalan yang dibangun Sultan Agung," ucapnya.

Sudarmawan sendiri, selain memperkirakan rute Sultan Agung dimanfaatkan oleh Daendels, memperkirakan ada potongan jalan lebih kuno yang juga mungkin dilalui Jalan Pos,

yaitu rute perjalanan yang ditempuh Bujangga Manik, pandita Sunda abad ke-15. Bujangga Manik atau Prabu Jaka Pakuan adalah pangeran dari Kerajaan Pajajaran yang memilih hidup sebagai resi. Ia melakukan perjalanan menyusuri Pulau Jawa sebanyak dua kali. Pertama, ia hanya sampai di Semarang, kemudian kembali lagi dengan menumpang perahu ke Sunda Kelapa.

Yang kedua, ia menyusuri Jawa hingga Bali, lalu kembali lagi ke Bogor. Perjalanan yang diperkirakan terjadi pada 1478-1500 Masehi ini ia abadikan dalam lontar beraksara Sunda Kuno. Dalam tulisannya, ia banyak menceritakan keadaan geografis daerah yang dilewatinya. "Kalau membaca sejarah Kitab, pendeta dari Pajajaran, Bujangga Manik, juga melewati daerah-daerah di Jalan Pos itu, misalnya Pemalang," ujarnya.

Undang Ahmad Darsa, filolog dari Universitas Padjadjaran, menyebutkan rute yang diambil Bujangga Manik adalah jalan lama. "Dari naskah, saya bisa memastikan Bujangga Manik tidak membuka jalan atau rute baru, tapi memakai jalan yang sudah ada," ujarnya. Ia memperkirakan, beberapa lokasi yang menjadi rute Jalan Pos antara lain dari Bogor ke Puncak, Brebes, Pekalongan, Gresik, dan Panarukan menggunakan jalan ini.

Berbeda dengan Undang, Agus Aris Munandar ragu jalan yang diambil Bujangga Manik kemudian dikembangkan sebagai Jalan Pos Daendels. Pasalnya, menurut dia, perjalanan Bujangga Manik adalah untuk tujuan ziarah. "Rutenya selalu mendekati gunung, karena di sana ada tempat pemujaan, kabuyutan, atau pendidikan resi," ujarnya. Bujangga Manik, menurut Agus, memang tak jarang melalui jalan-jalan utama kala itu, termasuk "Pajajaran Highway", istilah bagi jalan berbentuk busur yang menghubungkan Galuh atau Ciamis dengan Bogor. "Tapi kemudian ia mengambil jalan pintas menuju kebuyutan itu."

Titi Bachtiar, anggota kelompok riset Cekungan Bandung, juga menyebutkan Bujangga Manik kerap menggunakan jalan pintas dan menuju satu gunung ke gunung yang lain. "Saat menuju Sumedang, tujuannya ke Gunung Tampomas, setelah itu ke Gunung Slamet," ujarnya. Selain itu, beberapa gunung lain ia lewati dalam perjalanannya, di antaranya lereng Gunung Mahameru, Gunung Ceremai, Gunung Gajah, Gunung Merapi bagian selatan, dan Gunung Galunggung.

Agus juga menyebutkan Bujangga Manik memulai perjalanannya dari Bogor, ibu kota Pakuan Pajajaran, menuju utara, lalu belok kanan ke arah Bekasi Selatan hingga sampai di utara Purwakarta. "Dia tidak menyusuri Pantai Utara, agak ke selatan. Jadi rutenya bukan di tengah dan bukan Pantura, tapi di antara Pantura dan tengah Jawa," ucapnya.

Dari Era Kuda sampai Minimarket

Stasiun pos dan kandang kuda di zaman Daendels sudah tak ada jejaknya. Kantor pos lama diduga didirikan tak jauh dari lokasi.

BEBERAPA anggota Pasukan Pengibar Bendera tampak mendengarkan pengarahan dari Camat Cikande, Adang Rahmat, di halaman kantor Kecamatan Cikande, Banten. Kantor ini merupakan bangunan kuno. Tak jauh dari kantor kecamatan terdapat Sekolah Dasar Cikande, yang sama tuanya.

"Semua dibangun pada 1911. Dulu ada empat bangunan lawas penjara, kantor kecil, pendapa kecamatan, dan sekolah," ujar Mumu Muhtadi, 73 tahun, salah seorang tokoh Desa Cikande. Mumu sama sekali tak menyebut ada bangunan kantor pos atau bekasnya di kawasan itu. Tapi ia ingat leluhurnya pernah bercerita tentang Kampung Pos, yang letaknya kini tak jauh dari jembatan Sungai Cidurian dan sudah tergusur menjadi pabrik. "Dulu katanya ada penyeberangan di situ, disebut pos untuk ke arah Tangerang atau Batavia," ujarnya.

Stasiun pergantian kuda di Jalan Raya Pos, 1890.

DOK. TROPENMUSEUM

Jarak Cikande kira-kira 10 kilometer dari Desa Onderandir atau yang kini disebut Desa Kopo. Desa ini terletak di jalan raya Serang–Jakarta. Desa Kopo letaknya menurun dari jalan raya Serang dan sering menjadi langganan banjir. Buku *Sejarah PT Pos dan Telekomunikasi* menyebutkan Desa Kopo adalah lokasi tempat stasiun pos awal yang didirikan Herman Willem Daendels di Serang. Di Serang didirikan penginapan untuk beristirahat dan berganti kuda. Kira-kira 12 pal dari Serang, dibangun Stasiun Pos Onderandir, di tepi Sungai Ciujung. Pada 1808, di jalur melalui Cilegon, Serang, Tangerang menuju Jakarta terdapat 14 stasiun pos. Delapan di antaranya terdapat di wilayah Banten.

Tapi tak ada sama sekali jejak bekas bangunan stasiun pos di situ. Yang masih tersisa di kawasan Onderandir hanya se-

Kantor Pos Serang, Banten.

TEMPO/DHEMAS REVIYANTO

buah rumah tua zaman Belanda, khas untuk petinggi Belanda, di pinggir jalan raya. Penghuni rumah, Munawaroh Al Nafiah, istri Tabrani, 73 tahun, mengatakan kakeknya adalah petinggi di masa Belanda. Namun cerita tentang stasiun pos pun tak muncul dari perempuan ini.

Dari Desa Kopo ini, jalan Daendels berkelok-kelok ke Tangerang menyusuri Mookervart menuju Jakarta. Selanjutnya Jalan Raya Pos melewati Gambir, Jatinegara, Tanjung Timur, Cimanggis, dan Cibinong, menuju Bogor. Di jalur ini dulu terdapat lima rumah pos kuda. Jalan Raya Pos menanjak menuju Puncak dan Cianjur, yang terjal. Kuda harus dibantu empat-delapan ekor kerbau atau sapi untuk menuju Puncak. "Secara teknis, jalan di Puncak ini menyesuaikan kemampuan kerbau atau sapi," ujar Bambang Eryudhawan, pemerhati masalah *heritage* dan arsitek.

Di Karesidenan Parahyangan dulu terdapat 24 pos untuk pertukaran kuda. Sedangkan di jalur sepanjang Pantai Utara Jawa di Karesidenan Tegal, sejak dari Brebes–Pekalongan terdapat 12 stasiun pos, lalu di Karesidenan Semarang terdapat 7 pos. Dari sini, jalan pos terbagi dua menuju Karesidenan

Gedung Kantor Pos Besar Tegal (atas) dan Kantor Pos Kota Cirebon, Jawa Barat.

TEMPO/DINDA LEO LISTY (TEGAL), TEMPO/ TONY HARTAWAN (CIREBON)

Solo dan menyusuri Lasem, Tuban, menuju Gresik, dan Surabaya sepanjang 68 pal terdapat 10 pos. Dari Anyer hingga Panarukan tak kurang dari 80 stasiun pos.

***

JEJAK stasiun pos awal itu, sama seperti di Serang, kini sama sekali tak ada. Yang masih berdiri hanya gedung pos lawas yang "meneruskan" fungsi stasiun pos. "Saya yakin gedung pos itu pendiriannya tentu tak jauh dari stasiun-stasiun pos yang awalnya didirikan Daendels," kata Wakil Presiden Pemeliharaan Properti PT Pos Indonesia Sudarmawan Yuwono.

Di Serang, misalnya, terdapat kantor pos megah dengan bangunan lama yang sudah dimodernkan. Letaknya tak jauh dari pendapa Gubernuran Banten dan alun-alun. Di depan pintu terdapat dua bus surat besi baja yang kokoh dengan tulisan berbahasa Belanda. Di samping kiri bagian depan gedung kini terdapat Postshop, yang bekerja sama dengan minimarket Indomaret.

Logo Indomaret juga terpasang di sisi kanan Gedung Filateli, Jalan Gedung Kesenian Jakarta. Gedung Filateli disebut sebagai kantor pos pertama di Batavia. Letaknya di simpul pos, bukan tepat di Jalan Raya Pos. Gedung ini dibangun dari arsitek John van Hoytema, dengan gaya arsitektur Art Deco.

Di bagian kanan bangunan yang digunakan untuk Indomaret, interiornya ditambah gipsum. Sedangkan bagian kiri bangunan masih dibiarkan sesuai dengan aslinya dan digunakan untuk layanan filateli. Gedung ini termasuk bangunan cagar budaya atau konservasi di Jakarta kategori A, menurut Surat Keputusan Gubernur DKI Jakarta Nomor 475 Tahun 1993. Bangunan ini harus dikonservasi serta dimungkinkan tidak terjadi perubahan, baik eksterior maupun interior arsitektur bangunan.

Menurut Direktur Ritel dan Properti PT Pos Indonesia, GNP Sugiarta Yasa, pihaknya tetap berkomitmen menjaga keaslian dan kelestarian aset. "Memang mahal, dan tak boleh sembarangan. Sekadar mengecat atau mengganti kaca pecah saja kami harus konsultasi," ujarnya.

Selain bangunan di Pasar Baru, beberapa bangunan kuno kantor pos berada di sepanjang Jalan Raya Pos. Seperti di Bogor, Bandung, Cirebon, Tegal, Pekalongan, Semarang,

Kudus, Gresik, dan Surabaya. Kantor tua juga berada di sepanjang Jalan Raya Pos dari Bangil, Pasuruan, Probolinggo, Situbondo, hingga Banyuwangi.

Di Bogor, kantor pos berada di Jalan H Juanda, tak jauh dari Istana Bogor dan Kebun Raya Bogor. Menurut Dedi Supriadi, anggota staf Bagian Properti Kantor Pos Bogor, sebelum dipakai sebagai kantor pos, gedung ini merupakan gereja. Gedung ini difungsikan pada 1934 setelah Gereja Zebaoth dibangun dan peribadatan berpindah ke gereja tersebut. Demikian pula di Bandung, kantor pos yang berarsitek Art Deco berada di dekat alun-alun Bandung dan Gedung Museum Konferensi Asia Afrika. Ini jalan utama di Jalan Raya Pos.

Di Cirebon, bangunan kantor pos lawas berada di Jalan Yos Sudarso 9, yang di depannya terdapat tanda titik nol kilometer. Di sinilah titik awal kilometer di Cirebon, baik ke barat maupun ke timur. Bangunan kuno yang dibuat pada 1906 itu terlihat kusam. Dindingnya bercat oranye dan putih yang sudah banyak mengelupas. "Bangunan ini tidak pernah berubah, baik fungsi maupun bentuknya," kata Kepala Seksi Peralatan Kantor Pos Besar Cirebon Dadang Abdullah.

Di Tegal, Kantor Pos berada di Jalan Proklamasi 2, diapit dua bangunan cagar budaya lain—Pangkalan TNI Angkatan Laut Tegal di selatan dan gedung Dewan Perwakilan Rakyat Daerah Kota Tegal di utara. "Dulu gedung Markas Angkatan Laut," kata Adhi. Gedung lama itu masih dipertahankan keasliannya. Namun lahan di sekitarnya dikembangkan untuk menyesuaikan kebutuhan, termasuk pengembangan ruang koperasi dan Postshop.

Menurut sejarawan Tegal-Brebes, Wijanarto, gedung Kantor Pos Besar Tegal dibangun pada awal abad ke-20. "Di KITLV Pictura NL, ada fotonya yang diambil pada 1903," kata lulusan Universitas Diponegoro itu.

Kantor Pos Besar Tegal berada di kompleks Balai Kota Lama Tegal, tepatnya di selatan Jalur Pantura Yos Sudarso atau di seberang Pelabuhan Tegal. Wijanarto, yang juga mantan anggota tim inventarisasi benda cagar budaya Tegal, mengatakan kompleks Balai Kota Lama adalah pusat pemerintahan Karesidenan Tegal pada 1830-1901. Karesidenan berpusat di gedung Asisten Residen Tegal, yang dibangun pada 1740-an. Gedung itu kini menjadi kantor DPRD Kota Tegal. "Jalan Raya Pos yang dibangun sejak 1808 itu melintasi depan gedung Asisten Residenan Tegal," kata Wijanarto.

***

GEDUNG pos lawas di Pekalongan juga masih berdiri kokoh. Kantor Pos Pekalongan merupakan kantor pos ketiga yang dibangun setelah di Batavia dan Semarang. Ruangan di dalam kantor pos terlihat luas dan lebar. Plafon tinggi dari kayu jati dengan lubang-lubang angin menjadikan ruangan terasa lebih sejuk. Dinding tebal mengelilingi ruangan dengan jendela dan kisi-kisi besar. Di dalamnya masih tersimpan brankas bertahun 1836 yang digunakan untuk menyimpan meterai.

"Itu ruang pimpinan dan rapat, ditempelkan sebagai bangunan tambahan," ujar Kepala Kantor Pos Pekalongan Tarman. Meski bangunannya termasuk cagar budaya, dia mengakui rupanya masih ada pelanggaran dari sisi pengecatan sebagian gedung. Di ruang depan gedung, beberapa bagian tampak telah beralih fungsi. Gedung sayap kiri yang dulu merupakan ruang operasional telah berubah menjadi minimarket Indomaret. Kegiatan operasional dipindahkan ke area tengah, ruangan luas yang sebelumnya area olahraga bulu tangkis.

Sejarawan Pekalongan, Moch Dirhamsyah, mengatakan pembangunan jalan Deandels memasuki Pekalongan sekitar Agustus 1808 dengan membelah tiga hutan, yaitu Sukowati,

Gambiran, dan Roban. Sekitar 1850, bangunan pertama yang dibangun sebagai penunjang pemerintahan adalah rumah residen, diikuti kantor residen dan kantor pos.

Akan halnya Kantor Pos Semarang menghadap tepat ke tugu titik nol Semarang. Bentuk atapnya limasan khas Jawa. Bangunan lawas yang masih terpelihara baik sebagai salah satu bangunan cagar budaya Semarang ini dibangun pada 1906-1907. Tapi itu bukan gedung pos pertama di kota ini. Menurut ketua komunitas pegiat sejarah Semarang, Rukardi Achmadi, kantor pos pertama malah berada di Jalan Mpu Tantular, masih kawasan kota lama. Letaknya di sebelah timur Kali Semarang, menghadap ke Heerenstraat (sekarang Jalan Letjen Suprapto), yang merupakan bagian Jalan Raya Pos.

Cerita menarik juga terdapat di Kantor Pos Kebon Rojo, Surabaya. Bangunan ini sebelum menjadi kantor pos merupakan tempat tinggal Bupati Surabaya hingga 1881. Jalan Raya Pos berada di samping gedung itu, di Jalan Veteran, yang tersambung dari Jalan Rajawali di kawasan Jembatan Merah, lalu menuju Tunjungan dan Darmo.

Setelah itu beralih fungsi menjadi Hoogere Burger School (HBS) Soerabaia, atau sekolah lanjutan tinggi pertama (gabungan SMP dan SMA selama tujuh tahun) bagi warga negara Belanda, Eropa, dan elite pribumi. Sukarno, presiden pertama RI, pernah bersekolah di gedung ini pada 1916-1923. "Melestarikan bangunan ini ikut melestarikan perjuangan Bung Karno," ujar Edi Suharto, Kepala Kantor Pos Kebon Rojo.

Setelah Rel Melintang di Sekujur Jawa

Teknologi kereta api di Hindia Belanda setara dengan Eropa. Memudar setelah nasionalisasi dan memasuki zaman Orde Baru.

RATUSAN orang memadati Stasiun Darlington di timur laut Inggris pada 27 September 1825. Mereka menyambut kereta pertama yang ditarik dengan lokomotif bermesin uap berbahan bakar batu bara yang dilepas dari Stasiun Stockton sejauh 48 kilometer.

Kereta itu tiba seperti yang diharapkan. Membawa seribu penumpang, kereta buatan ahli mesin George Stephenson tersebut melaju rata-rata 39 kilometer per jam. Maka waktu tempuh dari Stockton itu selama satu setengah jam. "Percobaan ini sangat menarik, hasilnya luar biasa memuaskan," tulis surat kabar Inggris, *Cambridge Chronicle and Journal*, yang terbit 7 Oktober 1825.

Suksesnya pemakaian mesin uap untuk kereta di Inggris mengilhami banyak negara mengadopsi teknologi itu, termasuk Belanda pada 1839. Dalam buku *Sejarah Perkeretaapian Indonesia* yang disusun Asosiasi Perkeretaapian Indonesia, pemerintah Kerajaan Belanda mengembangkan kereta mesin uap yang pembangunan relnya berkembang dari keuntungan tanam paksa di Hindia Belanda.

Pemerintah Hindia Belanda pun mengusulkan pengadaan kereta uap ke Kerajaan. Kolonel Van der Wijk pada 15 Agustus 1840 mengajukan proposal tentang pengiriman gerbong dan pembangunan rel yang menghubungkan Surabaya ke Bandung, Semarang, Yogyakarta, dan berakhir di Jakarta.

Proposal Van der Wijk masuk akal. Waktu itu hasil perkebunan dan perhutanan banyak yang membusuk dan rusak akibat lambatnya angkutan dari kebun ke pabrik. "Selain jauh, hewan penarik gerobak banyak yang mati atau dicuri di tengah jalan," ujar Artanto Rizky Cahyono, pengamat kereta api.

Tahun 1840, misalnya, dilaporkan banyak sapi penarik gerobak mati karena dipaksa menarik beban berat terlalu jauh. Harga sapi juga mahal karena pengembangbiakannya lama. Waktu itu satu ekor sapi yang biasanya dijual 30 gulden menjadi 50 gulden.

Dengan alasan yang masuk akal dan merugikan pemerintah Hindia Belanda itu, Kerajaan mengabulkan permintaan Van der Wijk. Melalui Keputusan Kerajaan Nomor 270 pada 28 Mei 1842, pemerintah Hindia Belanda diizinkan membangun jalur rel dari Semarang menuju Kedu, Yogyakarta, dan Solo.

Masalahnya, membangun rel panjang itu membutuhkan biaya tak sedikit. Muncul perdebatan soal siapa yang harus membangun karena pemerintah Kerajaan Belanda menarik persetujuannya mengeluarkan gulden untuk pembangunan. Para aktivis partai liberal menyarankan agar perusahaan swasta yang membangunnya, lalu menjual untuk keuntungan.

Setelah perdebatan hingga akhir 1840, Kerajaan setuju menyerahkan hak konsesinya kepada swasta melalui surat keputusan Raja Belanda tahun 1852. Perusahaan perkebunan berlomba mengajukan diri karena ingin komoditasnya lebih mudah diangkut. Namun, karena perencanaan belum matang dan belum ada contoh biaya membangun rel, pembangunan terus diundur.

Baru pada 1864, investasi pertama dilakukan oleh Nederlands-Indische Spoorweg Maatschappij atau lebih dikenal sebagai NIS atau NISM. Rel perdana yang dibangun membentang dari Kemijen atau Pelabuhan Semarang hingga Tanggung, daerah perkebunan, sepanjang 25 kilometer. Rutenya melewati Alastuwa dan Brumbung, yang diresmikan pada 1867. Sukses di Semarang, NISM membangun rel rute Jakarta–Bogor dan Yogyakarta–Semarang.

Hanya NISM perusahaan swasta yang membangun rel. Perusahaan lain mengkeret begitu melihat kalang-kabutnya NISM memodali pembangunan rel. Tak seperti yang dibayangkan semula, NISM lebih banyak rugi. Perusahaan lain pun menolak berinvestasi membangun rel di rute lain.

Akhirnya pemerintah Kerajaan jualah yang turun tangan. Pemerintah membentuk Staatspoorwegen (SS). Rel pertama yang dibangun SS sepanjang 112 kilometer dari Surabaya, Malang, hingga Pasuruan.

Setelah beroperasi, jalur kereta yang dibangun NISM dan SS ini ternyata sangat menguntungkan. Perusahaan perkebunan membayar konsensi setelah rel terhubung dari satu kota ke kota lain. Pada 1901, ada 18 perusahaan swasta yang mengajukan dan diberi konsesi membuka rel baru. Panjang rel pun melonjak dari 25 kilometer pada 1867 menjadi 3.338 kilometer.

Menurut Artanto, di awal operasi, kereta api Jawa tak terlalu berdampak pada banyaknya arus transportasi di Jalan Pos. Penyebabnya: pola pembangunan rute kereta api dari utara ke selatan Jawa. Rute-rute ini sepi dan belum sepenuhnya terhubung.

Stasiun kereta api di Malang, Jawa Timur, 1919.

PRENTENKABINET LEIDEN/JAHN'S DRUKKERIJ, NV

Dalam buku *Sejarah Perkeretaapian Indonesia* disebutkan, baru pada dua dekade terakhir abad ke-19 pemerintah membangun jaringan rel dari barat ke timur, terutama di daerah pesisir utara. Jadilah Pasuruan dan Panarukan terhubung rel, juga Panarukan ke Banyuwangi di Jawa Timur. "Pada 1920, hampir semua kota dan desa strategis di Jawa telah terhubung dengan jalur kereta api," kata Ella Ubaidi, Executive Vice President Unit Conservation, Maintenance, and Architecture Design PT Kereta Api Indonesia.

Cakupan transportasi rel pun menjadi lebih luas ketimbang Jalan Raya Pos, yang dibangun Herman Willem Daendels. Menurut Ella, jalur kereta menyatukan jalur darat dan rel sehingga perdagangan Hindia Belanda makin bergairah. "Pemerintah Hindia Belanda dan Kerajaan Belanda meraup untung besar," ucapnya.

Mengangkut barang dengan kereta segera populer ketimbang memakai ternak. Selain lebih banyak dan cepat, kereta sekaligus difungsikan sebagai kereta penumpang. Rel juga menyambungkan daerah-daerah penghasil palawija, seperti Yogyakarta dan Solo, ke pelabuhan Semarang. "Karena itu, dampak yang langsung terasa bagi Jalan Pos adalah dalam hal pengangkutan barang," ujar Bambang Eryudhawan, Ketua Ikatan Arsitek Indonesia cabang Jakarta.

Pada 1873, NISM tercatat membawa 85 ribu ton barang, termasuk barang dagangan, alat berat, hewan ternak, hingga kereta kuda. Teknologinya juga cukup mutakhir. Menurut Bambang, lokomotif penarik gerbong sama dengan kereta yang ada di Jerman, Inggris, dan Belanda, dengan kecepatan rata-rata 90 kilometer per jam.

Kereta juga difungsikan sebagai angkutan penumpang. Ongkosnya terbagi dalam tiga kelas dengan harga 0,12-0,30 gulden per kilometer. Dalam empat bulan pertama pengoperasian kereta, lebih dari 129 ribu penumpang menaikinya. Sebagian besar adalah orang pribumi, yang duduk di kelas tiga.

Sebelum 1936, kereta hanya beroperasi pada siang. Karena itu, Jakarta–Surabaya ditempuh dalam dua hari. Setelah tahun itu, kereta beroperasi 24 jam. Ditambah dengan pembangunan rel di Cirebon, jarak dua kota itu pun terjangkau dalam 13 jam. Waktu itu di dalam kereta sudah ada layanan restoran dan kereta khusus tidur.

Di zaman revolusi, kereta juga menjadi sarana bergerak para pejuang. Kereta api memudar setelah nasionalisasi pada 1950 hingga Orde Baru. Manajemen yang kacau membuat banyak rel dan stasiun mati. Pemerintah lebih mengutamakan jalan darat beraspal. "Pertimbangannya karena penduduk Jawa masih jarang dan jalanan lengang," kata Ella.

Angkutan di Urat Nadi Jawa

Jalan Raya Pos sempat mati suri akibat pembangunan jalur kereta api. Kehadiran kendaraan bermotor menghidupkan kembali jalan raya ini.

JEAN Chretien Baud baru saja ditunjuk menjadi Menteri Jajahan Belanda menggantikan Johannes van den Bosch pada 1840. Sebagai mantan Gubernur Jenderal Hindia Belanda (1834-1836), Chretien Baud paham apa yang dibutuhkan negara yang terletak di bagian tenggara Asia ini: alat transportasi.

Sebenarnya jalan sudah ada sejak awal abad ke-19 di sepanjang utara Pulau Jawa. Hanya, pemakaian De Groote Postweg atau Jalan Raya Pos yang dibangun pada masa pemerintahan Gubernur Jenderal Herman Willem Daendels (1808-1811) kurang optimal. Sebatas untuk mengantar pos.

Rudolf Mrazek, pakar sejarah modern di Asia Tenggara, khususnya Indonesia, dalam buku berjudul *Engineers of Happy Lands: Technology and Nationalism in a Colony,* menuliskan bahwa banyak warga Belanda yang jarang memanfaatkan Jalan Raya Pos ini. Tak ada angkutan memadai, katanya. Kalaupun ada, biasanya ditarik kuda Jawa yang kecil. Pada saat itu, kebiasaan orang Eropa jika bepergian membawa banyak barang, dan ini terlalu berat buat kuda Jawa. Akibatnya, perjalanan jauh lewat Jalan Raya Pos jarang dilakukan.

Minimnya sarana angkutan juga membuat pengelola perkebunan seperti kopi di pedalaman Pulau Jawa kesulitan mengangkut hasil panen. Terkadang untuk mengangkut hasil panen ke pelabuhan di Semarang dari Bawen, misalnya, dibutuhkan waktu dua-tiga bulan. Karena itulah Chretien Baud lantas melontarkan ide untuk mengirimkan 40 ekor unta plus 200 keledai ke Hindia Belanda. Ia juga meminta penduduk setempat tidak menyembelih kerbau. Hewan ternak ini dipakai untuk menarik gerobak bermuatan banyak.

Chretien Baud mendapat dukungan penuh dari anggota parlemen Belanda. Salah satu dari mereka malah meminta tambahan lama dan gajah untuk juga dikirimkan ke Hindia Belanda dan dijadikan hewan penarik, terutama di "jalur gula" antara Semarang dan Salatiga.

Proyek ambisius Chretien Baud ini pada akhirnya gagal total. Penyebabnya, ketika kebutuhan akan alat transportasi yang lebih cepat mulai diperlukan, kereta yang ditarik hewan ternak ini terasa lamban. Apalagi daya angkut gerobak untuk hasil panen sangat terbatas.

Pada 1842, setahun setelah proyek Chretien Baud mengalami kebuntuan, majalah pertama yang terbit di Hindia Belanda, *Kopiist*, memuat serangkaian cerita inovasi yang ditemukan di Eropa. Salah satunya mesin tenaga uap untuk moda transportasi, yakni lokomotif. Dalam sebuah artikelnya, *Kopiist* menuliskan bahwa lokomotif mesin uap sangat cocok digunakan di wilayah Hindia Belanda. "Kontur tanahnya banyak yang mendatar dan tidak ada rintangan berarti. Yang cocok untuk wilayah ini adalah kereta uap," demikian tulis *Kopiist*.

Angkutan massal di Jalur Bandung-Cirebon, Jawa Barat, 1920-an.

ANRI

Pada tahun yang sama, Raja Belanda Willem I mengeluarkan keputusan: "Untuk memperkenalkan transportasi yang menggunakan rel di Hindia Belanda, guna mengangkut produk dan barang lainnya dari Semarang ke Kudus atau sebaliknya, jalur kereta besi segera dibangun."

Butuh 25 tahun untuk merealisasi rel kereta api sejak dekrit tersebut dikeluarkan. "Jalur kereta pertama adalah antara stasiun Semarang dan Tanggung (Grobogan) pada 1867. Panjangnya 25 kilometer," kata Artanto Rizky Cahyono, pegiat Indonesian Railway Preservation Society, minggu ketiga Mei 2015. Selanjutnya dibutuhkan waktu 10 tahun lagi untuk membangun rel sepanjang 300 kilometer, semua berada di Pulau Jawa. Pada 1888, delapan jalur utama mulai dioperasikan, yang menyambungkan 15 kota besar di Jawa. "Dampak keberadaan kereta ini cukup terasa bagi Jalan Raya Pos," ucap Artanto.

Pengangkutan barang dan orang dengan kereta api cepat populer. Selain daya angkut lebih banyak, perjalanan jauh jadi lebih cepat. "Dampak langsung bagi Jalan Pos adalah dalam hal pengangkutan barang," ujar Bambang Eryudhawan, Ketua Ikatan Arsitek Indonesia cabang Jakarta. Namun kehadiran kereta api, terutama setelah jalur antara Batavia dan Surabaya tersambung, membuat Jalan Raya Pos mati suri. Orang memilih naik kereta api ketimbang kereta yang ditarik hewan ternak. "Jalan Raya Pos sebagai jalur ekonomi dan transportasi mulai ditinggalkan," ucap Bambang.

Kelemahan utama dari alat transportasi darat di Jalan Raya Pos adalah daya tempuh yang lama dan banyaknya hewan yang mati akibat keletihan. Maka apa yang diperlukan untuk menghidupkan Jalan Raya Pos adalah alat transportasi yang tangguh, tahan banting, dan terutama digerakkan oleh mesin.

Perkembangan inovasi di Eropa tak butuh waktu lama untuk masuk ke Hindia Belanda. Pada 1893, kendaraan bermotor pertama hadir di sini. Adalah warga negara Inggris, John C. Potter, masinis pertama di Pabrik Gula Oemboel, Probolinggo, Jawa Timur, yang memiliki sepeda motor tersebut. Potter memesan langsung ke pabriknya, Hildebrand und Wolfmuller, di Muenchen, Jerman. Ia menjadi satu-satunya orang di Hindia Belanda pada saat itu yang menggunakan kendaraan yang digerakkan oleh mesin. Ia pun sering terlihat berlalu-lalang di Jalan Raya Pos.

Adapun orang pribumi pertama yang memiliki kendaraan adalah Pakubuwono X pada 1894. Mobil itu—atau lebih tepatnya kereta bermesin—adalah Benz Phaeton. Untuk mendapatkan mobil tersebut, Pakubuwono X harus memesan lebih dulu lantaran butuh persiapan pembuatan selama setahun.

Setelah itu, muncul berbagai tipe kendaraan pada awal abad ke-20. Pada 1939, tercatat ada 51.615 kendaraan di Hindia Belanda, 27.500 di antaranya di Pulau Jawa, yakni 7.557 di

Batavia, 4.949 di Bandung, dan 657 unit di Jepara. Kebanyakan dari kendaraan itu dimiliki warga keturunan Eropa.

Ramainya penggunaan mobil menggugah minat para pengusaha besar untuk menjadi importir mobil. Pada saat itu persaingan di sektor impor kendaraan bermotor belum terlalu ketat. Bermunculanlah perusahaan baru yang menjanjikan jasa kepengurusan pengiriman mobil dari Eropa ataupun Amerika.

Dari Amerika, merek yang beredar di Hindia Belanda antara lain Ford dan Studebaker. Sedangkan yang dari Eropa kebanyakan didatangkan dari Jerman, yakni Darraq, Benz, Brasier, dan Berliet. Sedangkan mobil buatan Italia dan Prancis pada saat itu kurang diminati.

Setelah era kemerdekaan, saat Indonesia berkonfrontasi dengan Belanda dalam merebut Irian Barat pada 1960, banyak didatangkan truk dan jip militer untuk mengangkut personel dan logistik. Uni Soviet, penyuplai utama kendaraan saat itu. Mereka sudah memasukkan 4.000 unit kendaraan ke Indonesia.

Kendaraan jip paling banyak di Indonesia adalah GAZ-69 bikinan Uni Soviet dan dipakai tentara Indonesia lantaran kemampuannya teruji dan tangguh. Selain itu, ada Land Rover buatan Inggris dan jip buatan Amerika Serikat, seperti Willy's, Ford, International, dan Cherokee. "Untuk truk juga banyak buatan Rusia," kata Soehari Sargo, pengamat otomotif Indonesia yang juga pengajar di Fakultas Teknik Universitas Indonesia, minggu ketiga Mei 2015. "Rusia banyak menjiplak model truk buatan Amerika dan hanya diubah sedikit di sana-sini. Itu hebatnya, sehingga diterima oleh kita."

Pada 1960-an, Indonesia mulai membutuhkan kendaraan angkutan barang yang lebih banyak. "Saat itu Bung Karno sedang dekat-dekatnya dengan Jepang. Mulailah masuk mobil dari Jepang," ucap Soehari. "Truk pertama buatan Jepang yang masuk adalah Mitsubishi." Truk menjadi tulang punggung perekonomian yang berlalu-lalang di jalur urat nadi Jawa, Jalan Raya Pos atau Jalur Pantura. Kendaraan berat itu antara lain Mitsubishi Fuso, Hino, Nissan Diesel, Isuzu, dan Toyota dari Jepang. Di luar Jepang, ada Volvo, Mercedes-Benz, Dodge, Ford, dan Renault.

Berbeda dengan kereta api, penggunaan truk sebagai alat transportasi barang sepanjang Jalur Pantura dinilai lebih fleksibel. "Truk bisa mengirim barang hingga tujuan akhir tanpa dibutuhkan angkutan interkoneksi lainnya," ujar Soehari.

Tak seperti ketika kereta api masuk Hindia Belanda, Jalan Raya Pos kini jauh lebih diminati untuk angkutan barang dan penumpang. "Sebanyak 42 persen volume kendaraan di Pantura adalah kendaraan berat," ucap Djoko Murjanto, Direktur Jenderal Bina Marga Kementerian Pekerjaan Umum dan Perumahan Rakyat periode 2009-2014.

Naik-Turun Bisnis Bak Truk Kayu

Usaha karoseri bak truk kayu sepanjang Jalan Pos mulai kalah oleh usaha karoseri bak berbahan logam. Butuh terobosan agar mampu bertahan.

BAU cat masih menyengat di salah satu sudut gudang milik Iwan Gunawan di Cirebon, Jawa Barat. Setengah lusin bak truk kayu berwarna mencolok yang masih mulus terjejer rapi, siap diantar ke pemesan. "Butuh seminggu untuk menyelesaikan satu bak kayu. Itu sudah termasuk lukisannya," kata juragan karoseri bak truk kayu jati dan rangka besi Putra Nasional ini, Kamis pekan ketiga Mei 2015.

Satu bak digarap beberapa orang. Kapasitas bengkel Iwan yang ditopang 30 karyawan itu bisa sampai 30 unit dalam sebulan. Tapi kemampuan yang ia punya lebih sering tak terpakai maksimal. Sekarang, menurut dia, bisa memproduksi sepuluh buah saja sudah bersyukur.

Turunnya produksi karoseri bukan karena pegawai Iwan bermalas-malasan atau jumlah tenaga yang berkurang. Usahanya mulai susut mengikuti lesunya perekonomian dan selera konsumen yang perlahan berubah. Para pengusaha logistik yang sebelumnya menggunakan bak kayu banyak beralih menggunakan mobil boks yang berkaroseri logam.

Usaha bak truk kayu yang dirintis Iwan sejak 1988 ini memasuki masa jaya pada 1990-an. Sepuluh tahun kemudian, ketika badai krisis ekonomi melanda Indonesia pada 1998, Iwan terpaksa bangun dari mimpi indahnya.

Iwan harus putar otak agar bisnisnya tak ikut buyar, syukur-syukur jika masih bisa mekar. Salah satu caranya dengan menawarkan paket pembuatan bak truk dengan lukisan, yang membuatnya sampai perlu merekrut tiga tenaga khusus tambahan yang bisa melukis. Dengan menjadikan mereka pegawai resmi, Iwan bisa menawarkan paket dengan harga bersaing dari para kompetitornya, yakni dari Rp15 juta hingga Rp30 juta untuk tiap bak truk kayu. "Lengkap dengan gambar," tutur Iwan.

Berjarak sekitar 145 kilometer dari Cirebon, nasib usaha Supriyono lebih nelangsa dibanding Iwan. Sudah empat bulan terakhir pengusaha karoseri bak truk di Batang, Jawa Tengah, ini hanya bisa mengelus dada. "Sedang sepi. Paling-paling bisa keluar cuma satu-dua bak truk tiap bulan," ujarnya mengeluh.

Supriyono tergolong pemain baru. Ia tergiur membuka usaha karoseri bak truk kayu pada 2005. Waktu itu Supriyono adalah tukang kayu di salah satu bengkel bak truk. Penasaran terhadap bisnis yang terus tumbuh subur di kampungnya di Subah, Batang, ia pun memberanikan diri meminjam uang ke bank untuk memulai bisnis yang sedang tren saat itu.

Modal awal yang dikucurkan bank hanya Rp5 juta. Dengan duit itu, Supriyono membeli kayu mangga, dengan perkiraan ongkos produksi sekitar Rp1,6 juta untuk satu bak truk. Bisnisnya berjalan mulus. Meski harga kayu terus melambung dan biaya produksi merangkak naik, pelanggannya tak kunjung surut. Hingga akhirnya ia berani membanderol harga bak truk bikinannya Rp15-35 juta per unit, tergantung jenis kayu

Lukisan di karoseri bak truk kayu yang melintasi Jalan Siliwangi, Pantura, Jawa Tengah.

TEMPO/BUDI PURWANTO

dan ukurannya. "Dalam sebulan, dulu bisa produksi lebih dari sepuluh. Omzetnya sekitar Rp350 juta," ucapnya.

Omzet ratusan juta per bulan inilah yang mengundang lebih banyak pemain baru. Di Subah saja, kata Supriyono, ada lebih dari 30 pengusaha karoseri bak truk. Beberapa pengusaha bahkan memiliki lebih dari satu bengkel produksi. Produk dan karya mereka dengan variasi lukisan atau tulisan aneka rupa mudah terlihat di antara padatnya lalu-lalang kendaraan pengangkut logistik yang merayapi sekujur Jalan Raya Pos.

Bisnis karoseri juga merambat ke beberapa wilayah lain di Jawa Timur yang dilalui jalur ini. Salah satunya PT Win

PT Adicitra Bhirawa, yang memproduksi boks kendaraan pengangkut yang dilengkapi pendingin, di Surabaya.

DOK. ADICITRA BHIRAWA

Jaya Mandiri, yang berdiri pada Februari 2015. Alasan mereka mendirikan usaha ini rata-rata sama: tergiur untung bisnis fantastis yang pernah dicetak pendahulunya. Namun, begitu usaha berjalan, tak sedikit dari mereka mendapati kenyataan yang jauh dari harapan.

Menurut Jamil, asisten manajer operasional di Win Jaya Mandiri, sejak usaha dibuka hingga saat ini, perusahaan bahkan belum mendapat konsumen yang meminta dibuatkan bak truk kayu. "Masih sebatas minta servis bak truk atau trailer. Ada juga yang datang untuk mengecat," ujarnya.

Bisnis yang lesu tak hanya menyerang pemain baru. Pemain lama, seperti PT Bobby Jaya Sentosa, yang pernah meraup omzet puluhan juta rupiah per bulan pada zaman Orde Baru, kini hanya tinggal nama. Bisnis mereka bangkrut sejak 2013 karena kompetisi yang menggila. "Lebih baik tutup, terlalu banyak pesaing. Susah kalau tidak kreatif," ujar Bobby Kusumanto, si bekas empunya perusahaan.

Namun tak semua bernasib malang. Masih ada pemain lama yang bertahan, bahkan sanggup berkembang. Di antaranya PT Adicitra Bhirawa. Perusahaan yang berdiri sejak 1986 ini menjadi salah satu pemain besar karoseri di Surabaya.

"Intinya, harus pandai baca tren dan berinovasi," kata Freddy Pangkey, Presiden Direktur Adicitra.

Freddy selalu berupaya membuat dan menawarkan boks atau bak garapan bengkelnya sesuai dengan perkembangan selera dan kebutuhan konsumen. Ketika masyarakat terlihat lebih banyak mengkonsumsi minuman kemasan, ia membacanya sebagai sinyal bahwa karoserinya mesti lebih banyak memproduksi boks kendaraan pengangkut yang dilengkapi pendingin. Ia yakin akan banyak produsen minuman kemasan yang tertarik pada produk rancangannya. "Perniagaan terus tumbuh di Surabaya. Sebanyak apa pun pesaing, yang penting kita jeli lihat peluang," ucap Freddy berbagi kiatnya.

Sekretaris Jenderal Asosiasi Karoseri Indonesia T.Y. Subagio menuturkan, bisnis karoseri pembuatan truk tumbuh sejak investasi di Pulau Jawa digenjot oleh pemerintah. Terutama pada masa Orde Baru, saat pembangunan infrastruktur menjadi perhatian utama. Belum lagi distribusi hasil industri dari dan menuju Pulau Jawa, yang membuat permintaan truk tumbuh tinggi pada 1990-an dan awal 2000-an.

Banyaknya pemain yang menggeluti bisnis ini menjadi seleksi alam tersendiri bagi mereka yang ulet dan mampu bertahan menghadapi sengitnya kompetisi. Sejak 2015, asosiasi mewadahi 212 perusahaan karoseri yang tergolong konsisten di arena industri perakitan yang kian padat. "Sembilan di antaranya merupakan perusahaan karoseri bak kayu," kata Subagio.

Beragam faktor yang membuat bisnis ini naik-turun. Selain implikasi kondisi ekonomi global dan dalam negeri yang tidak bisa dihindari, kebijakan serta lambannya pelaksanaan program pemerintah menjadi penentu nasib industri ini. "Program pemerintah itu penggerak ekonomi. Kalau ini lamban, tentu akan mempengaruhi sektor karoseri juga."

Dulu Lukis Sekarang Tempel

Tren lukisan di bak truk bergeser ke model stiker. Tetap khas dengan gambar nakal dan kalimat jail.

MEMBACA tulisan Agus Uryanto, 45 tahun, tak boleh sepotong-sepotong agar pesan yang hendak disampaikan tertangkap dengan baik. Biasa menulis dan melukis di dinding kayu bak truk yang lebarnya sekitar 3,5 meter dan tinggi rata-rata 1,5 meter, rupa-rupa pesan itu adalah salah satu tawaran Agus kepada para pelanggannya.

Salah satu contohnya adalah yang baru saja ia rampungkan buat seorang pemesan dari Cirebon. Kalimat pertama yang ia tulis di bagian belakang bak itu terinspirasi slogan Keluarga Berencana yang digagas pemerintah: "Dua Anak Cukup". Tapi kalimat kedua di bawahnya dia kreasikan sendiri: "Dua Istri Ribut". Pesannya, kata Agus, jelas untuk menghibur siapa pun yang kebetulan ada di belakang truk itu. Ia ingin karyanya sedikit mengobati kejengkelan pengendara yang terjebak macet dengan posisi terhalang truk di depannya.

Lukisan di belakang truk di karoseri yang terletak di kawasan Bypass Perumnas Kota Cirebon.

TEMPO/IVANSYAH

Sebagai pelukis bak truk, Agus juga piawai menggambar tokoh tertentu, dari wajah artis hingga meniru gambar jagoan komik seperti Iron Man. "Sesuai dengan pesanan saja. Gambar dan tulisan semua dari pelanggan," kata Agus saat dijumpai di kawasan Jalan Bypass Perumnas Kota Cirebon, Rabu 20 Mei 2015.

Agus memiliki hobi menggambar sejak masih sekolah. Mengetahui dirinya berbakat, pada 1995 silam ia ikuti kawannya menawarkan jasa menggambar di perusahaan-perusahaan karoseri. Niat yang awalnya sekadar iseng itu kebablasan. Melukis di bak truk kini jadi mata pencarian Agus. Dengan tarif sekitar Rp600 ribu sekali lukis, dalam sehari Agus bisa melayani hingga tiga lukisan.

Kendati masih sering mendapat pesanan, sedikit demi sedikit peran Agus dan kawan-kawan kini mulai tergeser oleh hadirnya mesin cetak. Di Batang, Jawa Tengah, misalnya, tren lukisan di bak truk berganti ke lembaran gambar tempel atau stiker sejak 2010. "Hasilnya lebih cepat dan murah," ujar Ahad Khoironi, salah satu pembuat stiker untuk bak truk di Batang.

Harga yang ditawarkan untuk memasang stiker berkisar Rp350 ribu, hampir separuh dari harga lukisan. Tak hanya tulisan iseng, stiker juga bisa menyediakan jasa cetak dan menempel gambar tokoh tertentu. Misalnya gambar perempuan berpose menggoda, yang jadi favorit para pemesan. Gambar bisa pula ditampilkan dengan efek tiga dimensi. "Yang begini banyak peminatnya," kata Ahad.

Di Surabaya sama saja. Perusahaan karoseri mulai beralih bahkan bekerja sama dengan percetakan untuk membuat stiker sejak tahun 2000-an awal. Menurut Presiden Direktur PT Adicitra Bhirawa, Freddy Pangkey, perusahaan karoseri lebih suka menggandeng percetakan karena waktu pembuatan bak atau boks jadi lebih singkat. "Sama seperti lukisan, konsumen bisa memilih dan membawa rancangannya. Tinggal kami cetak dan kami pasang," katanya.

Meski begitu, Freddy melanjutkan, peminat untuk jasa pelukis truk bukan berarti hilang begitu saja. Pelukis seperti Agus biasanya memang khusus dipesan untuk menghias bak truk kayu, yang masih banyak dipakai di kawasan Cirebon dan Jepara.

Agus pun mengaku tak begitu khawatir dengan fenomena ini. Baginya, melukis lebih dari sekadar pekerjaan. Apalagi ia menekuni seni menggambar sejak kecil. "Selama tak melanggar norma, saya senang-senang saja mengerjakan lukisan atau tulisan apa pun pesanan pelanggan."

Para Pelacur Hutan Jati

Prostitusi di Jalur Pantura tumbuh sejak zaman Belanda. Titik lokalisasi mengikuti tempat istirahat para sopir truk.

DENDANG irama dangdut sahut-menyahut di sepanjang warung di Jalan Raya Batang, Alas Roban, Jawa Tengah, Selasa malam pekan kedua Mei 2015. Kawasan hutan jati yang minim rumah penduduk itu meriah oleh kerlap-kerlip lampu temaram dan duet sopir truk bersama para perempuan seronok di warung-warung tersebut.

Kebanyakan dari mereka mengenakan rok pendek atau celana jins setinggi pangkal paha, dengan gaya baju yang seragam: ketat dan menyembulkan belahan dada. Mereka berusia 20-40 tahun. "Sudah lima tahun saya bekerja di sini," kata salah seorang dari mereka, mengaku bernama Reni, 24 tahun.

Alas Roban, hutan jati kecil yang terletak di ujung timur Kabupaten Batang, terkenal angker sejak dulu. Di samping kejadian-kejadian misterius, di daerah tersebut juga sering terjadi perampokan. Kini daerah itu menjelma sebagai salah

Warung remang-remang di sepanjang kawasan Alas Roban, Batang.

TEMPO/ BUDI PURWANTO

satu lokasi prostitusi paling ramai di Jalur Pantai Utara alias Pantura.

Di sepanjang seratus meter jalan, setidaknya ada 30 warung terbuat dari kayu yang menyediakan minuman ringan, kopi, bir, pemijat, hingga perempuan penghibur. "Cewek yang berdandan pasti bisa diajak," ujar Boy, 42 tahun, salah seorang sopir truk yang ditemui *Tempo* di sana, lalu tertawa.

Sekali kencan, mereka rata-rata mematok harga Rp150-200 ribu. Hampir semua pelanggan mereka sopir truk yang singgah. Boy mengklaim selalu mendapatkan tarif paling murah karena merupakan pengunjung tetap di sana. "Sudah ada kamar kecil yang disediakan di belakang warung," katanya berbisik.

Tak sampai satu kilometer dari warung-warung itu, masih termasuk kawasan hutan jati, terletak Desa Panundan, yang dikenal luas sebagai desa prostitusi. "Di sini agak lebih mahal,

Rp250-300 ribu, karena usia mereka lebih muda," ucap Ardy, sopir truk, yang sedang beristirahat di Panundan.

Prostitusi di Alas Roban dan Panundan baru berkembang tiga dekade belakangan, sejak daerah-daerah itu menjadi tempat singgah para sopir truk sepanjang Jalur Pantura. Alas Roban merupakan titik lelah para sopir yang datang dari arah Lasem atau Indramayu, karena biasanya mereka akan kecapekan setelah mengemudi 8-10 jam. "Saat melepas lelah, kami butuh hiburan," kata Boy.

Pengusaha ekspedisi bukan tak paham perilaku para sopir mereka. Semua truk sudah dipasangi Global Positioning System alias GPS untuk memantau perjalanan truk. Mereka akan ditegur mandor bila terlalu lama berhenti di lokasi peristirahatan, apalagi di warung remang-remang. "Kalau berhenti di titik yang bukan ditetapkan sebagai tempat istirahat, kantor bisa langsung menelepon," tutur Budi Hantoro, seorang sopir truk. Tetap saja warung-warung hiburan ramai meriah.

Lokalisasi di sepanjang Pantai Utara Jawa sudah ada sejak zaman kolonial Belanda. Dulu mereka bertebaran di sepanjang Jalan Pos, yang dibangun atas instruksi Gubernur Jenderal Hindia Belanda ke-36, Maarschalk Herman Willem Daendels. Kala itu jalan yang menghubungkan Anyer dan Panarukan tersebut merupakan jalur utama lintas Pulau Jawa sekaligus alur distribusi logistik Jawa–Sumatera.

Jalur Pantura, yang kini menjadi favorit para sopir truk ekspedisi pelabuhan-pelabuhan utama, seperti Cirebon, Semarang, dan Surabaya, sebagian besar merupakan bekas Jalan Pos. Tapi sebagian besar lokasi prostitusi di Pantura baru terbentuk kemudian.

Menurut Wijanarto, sejarawan asal Brebes, lokalisasi zaman *baheula* menghilang akibat pola titik lelah para sopir yang berubah. Contohnya lokalisasi Plawangan, yang terletak antara Tegal dan Pemalang. Di sana dulu ada pabrik gula yang dibangun pemerintah Belanda. Buruhnya mencapai seribuan orang. "Pelanggannya para buruh pabrik itu juga," ujarnya.

Kalaupun ada yang bertahan, kebanyakan tidak lagi segemerlap dulu. Di pusat Kota Semarang, kata sejarawan lokal Jongkie Tio, 74 tahun, ada lokasi prostitusi lama yang bertahan. Itu karena peran Pelabuhan Tanjung Emas yang vital bagi kapal-kapal besar. Di samping itu, letaknya yang di tengah Jawa membuat Semarang selalu menjadi kota transit para pelintas Jalan Raya Pos.

Mereka biasanya menginap di daerah yang kini dikenal dengan nama Jalan Imam Bonjol dan Pemuda. "Kebanyakan mereka adalah pelaut, pedagang, dan orang Belanda," ucap Jongkie, Rabu pekan kedua Mei 2015.

Jalan Imam Bonjol kala itu merupakan terusan dari Jalan Raya Pos yang dibangun atas instruksi Daendels. Di sana terdapat banyak hotel yang menyediakan perempuan penghibur. Semua milik pengusaha Belanda. Pada masa itu, tak sembarang orang bisa menginap di sana. Mereka harus berkantong tebal atau dari kalangan bangsawan. Itu sebabnya perempuannya juga spesial. "Kebanyakan noni Belanda dan Cina," kata Jongkie.

Meski bertahan, sekarang pelaku prostitusi di Jalan Imam Bonjol bukan lagi masyarakat kelas atas. Jumlah penjaja cintanya pun tak banyak lagi. Saban malam, mereka *mangkal* di pinggir jalan, duduk sendirian di jok sepeda motor menunggu pelanggan.

Lokasi prostitusi yang juga masih bertahan antara lain di Desa Maribaya, Kecamatan Kramat, Kabupaten Tegal. Dulu daerah ini menjadi tempat singgah yang amat ramai. Tapi, karena Tegal bukan lagi lokasi singgah favorit para sopir, tempat itu kini meredup. Sekarang tinggal empat tempat yang menyediakan jasa wanita penghibur di sana, yang kebanyakan tidak muda lagi. Mereka berkedok warung sate kambing. "Sopir sekarang lebih suka perempuan yang tercecer di jalanan," ucap Dina, 40 tahun, dalam bahasa Jawa.

Warung remang-remang sebaliknya bermunculan di Kecamatan Lasem, Rembang, yang berjarak sekitar delapan jam dari Alas Roban. "Di Jawa Tengah, Alas Roban dan Lasem kini memang menjadi titik lelah para sopir truk sekarang," kata juru bicara Pemerintah Provinsi Jawa Tengah. Namun dia menampik tudingan bahwa pemerintah lokal membiarkan kedua daerah itu berkembang menjadi lokalisasi pelacuran. "Kalau ada praktek prostitusi, pasti kami tindak," ujarnya.

Nunung, Diva Dangdut Pantura

Menggeluti dangdut tarling, Nunung Alvi kini menjadi orang terkaya di desanya. Mendapatkan Platinum Award dari Blackboard.

SELESAI berdandan, wajah Nunung Alvi yang sembap lantaran begadang semalaman kembali segar. Selasa siang pekan kedua Mei 2015, perempuan 39 tahun itu bersiap untuk *manggung* ke desa tetangga, sekitar dua jam dari tempat tinggalnya di Desa Gintung Lor, Kecamatan Susukan, Cirebon, Jawa Barat. Rencananya, Nunung naik panggung sekitar pukul 13.00. "Dia bintang tamu, akan tampil di acara puncak," kata Zaqy Komarudin, 53 tahun, suami sekaligus manajer Nunung.

Nunung tersohor dari Banten hingga Jawa Timur sebagai bintang dangdut tarling lewat orkes Nada Ayu yang ia pimpin. Sejak awal milenium, ia laris diundang para penggelar hajatan. Rata-rata Nunung tampil tiga kali dalam sepekan. Pada pekan kedua Mei 2015 itu, misalnya, ia *manggung* dua hari nonstop Senin dan Selasa.

Sekali *manggung*, Nunung dibayar Rp8 juta. Bila bersama orkes, untuk kawasan Cirebon dan Indramayu, ia me-

Nunung Alvi di rumahnya di Cirebon, 29 Mei lalu.

TEMPO/BUDI PURWANTO

matok harga Rp24 juta. "Tahun lalu pendapatan kotor kami hampir Rp1 miliar," ujar Zaqy, yang juga dosen bahasa Inggris dan orientalis di Universitas Islam Negeri Sunan Gunung Djati (UIN Bandung).

Tak mengherankan bila Zaqy dan Nunung menjadi orang terkaya di desa mereka. Rumah pasangan ini ada tiga. Orkes mereka memiliki berbagai properti, dari genset hingga panggung besar, yang nilainya mencapai Rp1 miliar. Padahal, pada awal 2000, mereka hanyalah pasangan beranak satu yang hidup pas-pasan di rumah kontrakan. Nunung saat itu menyanyi dangdut dari kafe ke kafe sepanjang Indramayu dan Cirebon.

Hidup mereka berubah setelah Nunung masuk studio rekaman. Blackboard mengganjarnya dengan Platinum Award pada 2002 lewat album *Aja Melang*, yang artinya "Jangan Khawatir". "Dangdut tarling mengubah rezeki kami," kata Nunung. Sejak itu, ia kerap diundang menyanyi di stasiun televisi nasional di Jakarta.

Dangdut tarling mulai berkembang pada 1980-an. Sebagian orang menyebutnya "dangdut Pantura". Tarling yang asli sudah dikenal dari awal 1900-an. Sejatinya musik ini hanya diiringi gitar dan suling serta lagunya berisi nasihat hidup. "Musiknya enak dinikmati untuk merenungkan kehidupan," ucap Wawan, salah seorang pengusaha kafe di Kota Cirebon.

Orkes Nada Ayu, kata Zaqy, mempertahankan seni tarling tradisional. Setiap diundang, mereka tampil dalam tiga babak. Babak pertama: dangdut tarling; babak kedua: tarling tradisional; dan terakhir semua lagu dangdut, termasuk lagu terlawas, mereka bawakan. Itu sebabnya kru dan artis orkes Nada Ayu mencapai 65 orang.

Menurut Zaqy, dangdut tarling tumbuh karena mengikuti selera para pesinggah yang hilir-mudik dari barat dan timur Jalur Pantura. Maklum, Desa Gintung Lor terletak persis di tepi jalur tersebut. "Tempo musik yang bisa bikin bergoyang seperti dangdut mengakomodasi selera mereka," ujarnya.

Bukan cuma musiknya yang disesuaikan dengan minat para musafir, liriknya juga. Lirik dangdut tarling selalu mengenai kehidupan cinta: perilaku suami atau istri, bahkan duda atau janda yang mencari jodoh lagi. "Isi liriknya nakal-nakal," kata Zaqy, lalu tertawa.

Begal Suranenggala dan Srengseng

Beberapa desa di Jalur Pantura tak aman bagi pelintas. Keangkerannya membuat sebagian orang bahkan takut membicarakannya.

JARANG ada orang yang berani melintas sendirian pada malam hari di jalan raya Desa Suranenggala Kulon, Kabupaten Cirebon, Jawa Barat. Bagi orang asing, pada saat gelap, daerah itu amat mencekam. Sering terjadi perampokan sepeda motor di sana. "Kalau terpaksa melewati desa itu harus mematikan lampu motor agar dikira warga setempat," kata seorang penduduk Cirebon, Rabu pekan kedua Mei 2015.

Dulu kawasan itu dikenal sebagai Desa Bedulan. Dalam bahasa Cirebon, *bedulan* berarti bandel. Letaknya hanya sekitar satu kilometer dari Jalan Raya Pantai Utara. Tapi tak banyak yang berani menyebut desa itu Bedulan. "Kalau sembarangan *ngomong* tentang Bedulan bisa kena gorok," kata Bambang, seorang penduduk desa tetangga.

Seperti desa lain, kawasan Bedulan dipadati rumah, ramai, dan tampak normal saat siang. Meski demikian, penduduknya dikenal "keras" sejak dulu. Di sana banyak lahir

Kawasan hutan jati di Alas Roban, Batang.

TEMPO/BUDI PURWANTO

centeng dan jawara kampung. Zaqy Komarudin, pengelola Orkes Musik Nada Ayu di Cirebon, bercerita mereka harus bekerja ekstra-keras mengamankan orkes bila tampil di desa itu. Ia sudah biasa menghadapi todongan pisau. "Kami lebih sering mengalah supaya acaranya lancar," katanya.

Suranenggala Kulon bukan satu-satunya desa begal di sepanjang Jalur Pantura. Di Kabupaten Indramayu, ada desa serupa yang bernama Desa Srengseng, Kecamatan Karangampel. Dibanding Bedulan, Srengseng lebih dikenal sebagai kampung begal di Jalur Pantura. Pada 2014, belasan warga Srengseng ditangkap dan ditembak polisi karena mencuri puluhan sepeda motor di desa tetangga.

Begal asal Srengseng dikenal beringas. Pada Maret 2014, misalnya, mereka tak segan melawan polisi yang hendak menangkap dua pemuda desa itu karena diduga merampok 19 sepeda motor. Salah satu begal sempat mencoba merampas pistol di pinggang seorang reserse sebelum akhirnya dibekuk.

Malah, pada 28 Februari 2015, warga desa nekat membakar sepeda motor milik dua tentara. Mereka marah lantaran ada razia kendaraan bermotor. "Padahal razia itu bertujuan mengurangi angka kejahatan di sana," kata Kepala Kepolisian Resor Indramayu Ajun Komisaris Besar Wijanarko, kala itu.

Kepala Bidang Humas Kepolisian Daerah Jawa Barat Komisaris Besar Sulistyo Pudjo Hartono mengatakan angka kriminalitas di Suranenggala Kulon dan di Srengseng memang tinggi. "Di sana tanahnya kering. Mereka terpaksa begitu demi urusan perut," katanya.

Lebih ke timur, ada Alas Roban. Kawasan hutan jati di tepi Kabupaten Batang itu sejak zaman dulu dikenal tak aman. Truk yang lewat daerah itu sering disatroni "bajing loncat", yang melompat ke bak truk korban dan memindahkan barang jarahan selagi truk berjalan.

Menurut Boy, sopir truk yang ditemui saat tengah mengaso di Alas Roban, bajing loncat memanfaatkan kondisi jalan yang sepi dan menanjak. "Biasanya saat mendaki truk melambat. Itu kesempatan mereka *nyolong* muatan truk," kata Boy.

Kisah Mayat di Alas Roban

Jalan Daendels yang membelah Alas Roban dulu dikenal angker dan rawan kejahatan. Jadi tempat pembuangan mayat korban penembakan misterius.

MALAM sudah larut. Wagiman, yang terjaga dari tidurnya, keluar hendak melihat kerbau peliharaannya yang dia cancang di belakang rumah. Tak seperti biasanya, kerbau itu terus meronta ingin lepas dari ikatannya. Wagiman, yang curiga, lantas menebarkan pandangan, mengamati sekitar rumahnya yang berada di belakang Sekolah Dasar Kebon Dalem, Gringsing, Batang, Jawa Tengah.

Persis di samping SD itu, dia melihat sebuah mobil berwarna gelap berhenti di bawah pohon bambu. Sesaat kemudian, seorang pria yang ditutup matanya tampak diturunkan dari mobil itu. Tapi pria tersebut seketika dinaikkan kembali ke mobil. Rupanya, orang-orang yang menurunkan pria itu melihat Wagiman sedang mengintip dari samping rumahnya. "Itu kejadian sekitar 35 tahun lalu [1980]," kata lelaki yang sudah tak ingat lagi usianya ini.

Jalur Alas Roban.

TEMPO/WISNU AGUNG PRASETYO

Tak berselang lama, warga Kecamatan Gringsing, yang berada di kawasan hutan jati Alas Roban, heboh oleh penemuan mayat di beberapa tempat. Patimah, 60 tahun, asal Desa Sentul, Gringsing, menceritakan penemuan tubuh yang tergeletak di tepi sungai. Waktu itu dia bersama suaminya sedang menuju Sungai Kuto di dekat rumahnya. Dia melihat sesosok tubuh laki-laki di tepi sungai. Badannya masih bergerak. "Didekati suami saya ternyata masih hidup. Orang itu bilang, 'Tolong, saya masih ingin hidup'," ujar Patimah menirukan.

Menurut Patimah, bukan sekali itu saja dia menemukan mayat di sekitar desanya, yang masuk kawasan Alas Roban. Ayahnya salah seorang yang ditunjuk untuk menguburkan mayat-mayat tersebut. "Bapak saya ikut mengubur. Dia pasti bilang, 'Kasihan orang-orang ini, yang sebelumnya sehat bugar sekarang harus dikubur'," tutur Patimah.

Mayat-mayat itu adalah mereka yang dianggap sebagai preman. Pada 1980-an, beberapa wilayah di Indonesia digemparkan oleh pembantaian para preman. Kejadian yang dikenal dengan sebutan penembakan misterius atau petrus itu menggunakan kawasan Alas Roban sebagai salah satu tempat eksekusi.

Kecamatan Gringsing tak hanya sekali itu dihebohkan oleh mayat yang bergelimpangan. Patimah masih ingat peristiwa serupa pernah terjadi saat ia kecil. Dulu, sekitar 1965, tak jauh dari rumahnya, terdapat tanah lapang yang digunakan untuk bermain bola. Di tengah lapangan, beberapa orang disuruh berdiri berjajar. Suara letusan berkali-kali memekakkan telinga. Satu per satu barisan orang itu berjatuhan. Patimah mengenali beberapa perempuan di antaranya. Mereka anggota Gerakan Wanita Indonesia (Gerwani), organisasi yang berafiliasi dengan Partai Komunis Indonesia. "Di sini dulu ada *base camp* Gerwani," ucap Patimah. "Saya sering datang untuk bermain, tapi selalu dimarahi Bapak kalau ketahuan. Jangan dekat-dekat mereka, kata Bapak."

Tak cuma jadi tempat pembuangan korban petrus, Alas Roban—yang punya kawasan hutan seluas 20.416 hektare—juga dibelah oleh jalan yang sering disebut sebagai "jalur tengkorak". Di jalan yang berkelok-kelok dan menanjak tajam itu sering terjadi kecelakaan lalu lintas. Sudah banyak korban meninggal di sana. Lalu muncul cerita-cerita mistis yang beredar di masyarakat: ada yang pernah melihat pocong dan kuntilanak di ruas jalan tersebut.

Di jalan raya Alas Roban atau Jalan Poncowati, para begal juga tak jarang menyamun truk-truk yang lewat. Saking rawannya, banyak kendaraan yang tak berani melintas pada malam hari. Kun, 45 tahun, sopir truk asal Clapar, Subah, Batang, mengatakan dulu daerah Alas Roban dikenal banyak bajing loncat. "Sekarang sudah ramai, jalannya juga sudah lebar dan terang. Sudah tak ada lagi bajing loncat seperti dulu," kata Kun.

Sekitar dua abad silam, jalur Alas Roban merupakan bagian dari Jalan Raya Pos yang dibangun Gubernur Jenderal Hindia Belanda Herman Willem Daendels. Jalan yang dibangun Daendels mengikuti kontur alam Alas Roban, yang berkelok-kelok. Pembangunan jalan ini telah membelah sebagian hutan jati di kawasan tersebut.

Pada 1990–2000-an, untuk mengurai kian padatnya arus lalu lintas yang melintasi Alas Roban, dibangunlah dua jalur baru di sisi utara dan selatan jalan lama. Satu jalan tegak lurus lebih pendek tapi menanjak dan satunya lagi jalan melingkar yang landai.

Dua jalur baru yang telah membabat sekitar 19 hektare Alas Roban itu mempercepat waktu tempuh kendaraan yang melintas di sana. Menurut Kun, kedua jalan baru itu juga membuat kawasan Alas Roban terbuka dan makin ramai. "Kesan mistis jalur Alas Roban pun makin terkikis," ujar Kun.

Pasanggrahan yang Terlupakan

Babakan Anyar pernah menjadi kota pelabuhan penyeberangan penting di wilayah Priangan. Terlupakan setelah dibangun jalan baru.

MEMBELAH area persawahan hijau, jalan desa selebar lebih-kurang lima meter itu berujung di tepi sungai besar. Tepatnya muara—pertemuan dua sungai—Cimanuk dan Cilutung, yang masih berada di wilayah Desa Babakan Anyar, Kadipaten, Majalengka. Di tengah sungai, belasan penambang sibuk memenuhi perahu-perahu mereka dengan pasir, untuk diangkut dengan truk yang menunggu di bibir sungai.

Di luar kesibukan para penambang pasir, suasana di sekitar sungai pada Ahad pagi pekan kedua Mei 2015 itu tampak sepi. Memang hanya ada beberapa rumah milik penduduk dan bangunan kayu besar berbentuk panggung dengan tiang-tiang beton penyangga yang difungsikan sebagai tempat peternakan ayam. Selebihnya berupa persawahan, kebun bambu, tegal penuh ilalang, dan sebuah permakaman desa yang tak terlalu luas.

Penambang pasir di kawasan Babakan Anyar.

TEMPO/TONY HARTAWAN

"Dulu tempat ini pelabuhan penyeberangan yang ramai," ujar Muhamad Komar, 67 tahun pada 2015, di rumahnya. Komar adalah Kuwu (Kepala Desa) Babakan Anyar periode 1969-1981. Dari ayahnya, yang juga menjabat kuwu, ia banyak mendapat cerita tentang desa kelahirannya itu. Juga dari kakek buyutnya, Tirtadiwirya, yang menjadi kuwu periode 1910-1926. Komar masih menyimpan buku catatan harian Tirtadiwirya yang merangkum berbagai peristiwa penting di desanya itu.

Desa Babakan Anyar berada di wilayah Kecamatan Kadipaten. Kadipaten saat ini terbagi atas tujuh desa, yakni Desa Liangjulang, Desa Heuleut, Desa Cipaku, Desa Kadipaten, Desa Babakan Anyar, Desa Karangsambung, dan Desa Pagadon. Di masa lalu, Desa Babakan Anyar bernama Babakan Sinom dan terbagi menjadi tiga blok, yakni Babakan Sinom, Pasanggrahan, dan Dayeuhkolot.

Pasanggrahan, yang terletak di samping sungai, menjadi pelabuhan utama perahu-perahu niaga dan merupakan kota terbesar di wilayah Kadipaten, yang saat itu masih dikenal dengan nama Karangsambung. Konon, pelabuhan penyeberangan itu sudah ada sejak zaman Kerajaan Sunda-Galuh.

Sejarawan dari Fakultas Ilmu Budaya Universitas Padjadjaran, A. Sobana Hardjasaputra, mengatakan lokasi transit ini merupakan penghubung penting dalam pengangkutan biji kopi dari perkebunan di berbagai daerah di Jawa Barat sejak abad ke-17. Kekuasaan Vereenigde Oostindische Compagnie pada 1667, kata Sobana, mewajibkan rakyat Priangan menanam kopi. "Preangerstelsel itu terkait dengan ekspor kopi ke Eropa yang menjadi primadona," ujarnya.

Sobana menjelaskan, ketika Jalan Raya Pos dibangun, lintasan sungai yang menjadi pemotong Jalan Pos tak langsung diatasi dengan membangun jembatan. "Jadi masih melintasi sungai dengan naik rakit yang ditarik kerbau atau dibantu tali panjang," katanya. Jembatan dibangun hanya di pusat kota, seperti di atas Sungai Cikapundung yang membelah Kota Bandung. Lokasinya kini di Jalan Cikapundung Timur, antara Gedung PT PLN Jawa Barat dan sisi kanan Gedung Merdeka di Jalan Asia Afrika.

Jalan Raya Pos yang dibangun di zaman pemerintahan Herman Willem Daendels pada pertengahan 1808 juga terpotong muara Sungai Cilutung dan Cimanuk itu. Terbentang dari Karangsambung melewati Babakan Anyar, jalan yang kini menjadi jalan desa itu kemudian menyambung di Desa Kosambian di seberang sungai. Desa itu kini berubah nama menjadi Desa Kebon Cau dan masuk wilayah Kecamatan Ujung Jaya, Sumedang. Dari Desa Kosambian, Ujung Jaya, jalur Daendels berlanjut ke Sumedang melewati Conggeang, Legok, dan Cimalaka.

Tak hanya di pelabuhan penyeberangan, kapal-kapal niaga yang berlayar di Sungai Cimanuk juga singgah di pelabuhan ini, mengangkut beragam komoditas. Lewat pelabuh-

Mantan Kepala Desa Babakan Anyar, Komar, menunjukkan catatan sejarah tentang Babakan Anyar, Jawa Barat.

TEMPO/TONY HARTAWAN

an ini pula gula hasil Pabrik Gula Kadipaten, yang didirikan pada 1868, diangkut ke Indramayu untuk kemudian dibawa ke Batavia dan luar Jawa. "Dulu gerobak-gerobak pengangkut gula yang ditarik sapi lewat jalan Daendels itu menuju Pasanggrahan," ujar Komar, mengulang cerita turun-temurun dari kakek buyutnya.

Di Pasanggrahan, gula-gula itu disimpan di gudang gula. Saat ini, gudang sudah rata dengan tanah. Lokasinya di sebelah utara peternakan ayam dan kini menjadi area persawahan blok gudang gula. Bukan hanya gudang gula, di Pasanggrahan juga dibangun rumah peristirahatan untuk orang-orang Belanda dan Cina penguasa bisnis gula saat itu. Seperti gudang gula, rumah peristirahatan berupa rumah panggung megah itu sudah tak ada lagi.

Komar bercerita, sebagai daerah lalu lintas perdagangan, Babakan Anyar saat itu berkembang menjadi kawasan pecinan, tempat orang-orang Cina bermukim. Dari sana pula muncul pengusaha bernama Aw Seng Ho, yang kemudian mendirikan Pasar Kadipaten. Setiap tahun baru Imlek, Babakan Anyar berhias dengan beragam lampion dan ramai dengan aneka kegiatan. Belakangan, orang-orang Cina membaur dengan penduduk lokal lewat ikatan perkawinan.

Kejayaan Babakan Anyar meredup setelah lalu lintas ekonomi di sungai beralih ke jalur darat menyusul dibangunnya jalan baru Sumedang-Cirebon melewati Nyalindung dan Tomo. Suasana bertambah sepi setelah dibangun Bendung Rentang di Jatitujuh, Majalengka, pada 1911, yang membuat perahu-perahu dagang dari Indramayu tak bisa masuk ke wilayah ini.

Ruas jalan Daendels yang membelah Babakan Anyar sudah tak seramai dulu, meskipun ruas kiri dan kanannya padat dengan rumah-rumah penduduk. "Jalan Daendels yang tidak dilewati lagi karena ada jalan baru, tol, atau kereta api kemudian ditinggalkan, sepi, dan tidak maju," kata arsitek yang juga pengamat tata kota, Bambang Eryudhawan.

Babakan Anyar bukan satu-satunya desa yang sempat mengecap kejayaan gara-gara dilewati Jalan Raya Pos lalu ditinggalkan. Nasib serupa dialami jalur Daendels di daerah Rajamandala, yang menghubungkan Cianjur dengan Kabupaten Bandung Barat. Sejak dibukanya jembatan tol Citarum Rajamandala pada 1979, jalan Daendels sepanjang lebih-kurang enam kilometer dengan pemandangan Sungai Citarum di sisi kiri jalan itu relatif sepi. Sebagian wilayahnya masih rimbun oleh hutan jati dan mahoni.

Jalan yang masuk wilayah Kecamatan Haurwangi, Cianjur, ini jarang dilalui kendaraan bermotor. Hanya sesekali truk pengangkut pasir, angkutan desa rute Ciranjang-Rajamandala, serta sepeda motor yang dipakai warga, terutama anak-anak muda, melintasi daerah ini. "Sebelum jalan tol dibangun, kendaraan ramai lewat sini. Sekarang jalan ini baru dilewati banyak mobil kalau sedang ada razia di Jalan Raya Rajamandala atau saat Lebaran," ujar Cecep, 45 tahun, warga Desa Haurwangi. Gerbang tol Citarum Rajamandala sendiri sudah tak ada lagi, berganti menjadi Jalan Raya Rajamandala.

Desa Haurwangi, tempat tinggal Cecep, merupakan salah satu desa yang dilintasi jalan Daendels. Sebagian besar rumah di desa ini masih berdinding bilik. Desa ini berada di pinggir Sungai Cihea, anak sungai Citarum, yang menjadi pemisah dengan desa tetangga, Desa Cihea. Sebagian besar penduduknya mencari nafkah dengan menjadi penambang pasir. Satu kubik pasir yang dikumpulkan dihargai Rp30 ribu.

Rata-rata dalam sehari, menurut Cecep, ia bisa mengumpulkan lima kubik pasir. "Tapi itu tergantung pesanan dari Jakarta," katanya. Jika sedang ramai, dalam sehari desanya bisa kedatangan enam truk pasir. Tapi, ketika sepi, hanya ada satu atau dua truk. "Sekarang sedang sepi," ujarnya.

Uning, 60 tahun, warga Desa Cihea, mengatakan tak banyak perubahan yang terjadi di kampung kelahirannya itu. Di antara perubahan yang tak banyak itu ada pembangunan Jembatan Cihea oleh Perusahaan Listrik Negara pada 1987-1988, tepat di atas jembatan lama yang dibuat di zaman Belanda. Pembangunan Waduk Cirata, yang mengakibatkan daerah permukiman di pinggir Sungai Cihea tergenang air, juga membuat rute jalan berubah. Jalan yang melewati Jembatan Cihea lalu terus melintasi Jembatan Citarum Lama itu adalah jalan baru. "Dulu jalan yang dipakai jalan ini," ujar Uning, menunjuk jalan desa yang melintas di depan rumahnya.

Jalan lama berlapis kerikil itu bersisian dengan Sungai Cihea—dari jalan baru, setelah melintasi Jembatan Cihea, berbelok ke kiri. Jalan desa ini berujung di tepi Sungai Citarum. Di masa lalu, untuk melewati Sungai Citarum, kereta kuda harus turun ke sungai dan menyeberanginya dengan cara menumpang rakit dan selanjutnya mesti mendaki tebing terjal Citarum dibantu beberapa kerbau. Sekarang jalan yang merupakan ruas Jalan Raya Pos itu hanya jalan desa yang kerap tergenang saat air sungai meluap.

Jabat Tangan Daendels-Kornel yang Diragukan

Pembangunan Jalan Raya Pos di ruas Cadas Pangeran diwarnai kisah perlawanan Bupati Sumedang Pangeran Kornel. Hanya sebatas mitos?

BERAGAM benda pusaka peninggalan kerajaan Sumedang Larang itu tersimpan rapi di Gedung Pusaka Museum Prabu Geusan Ulun, Sumedang, Jawa Barat. Sebagian besar berupa senjata—seperti tombak trisula, pedang, kujang, dan keris—yang dipajang di dalam lemari kaca. "Setiap bulan Rabiulawal atau Maulud Nabi, senjata-senjata pusaka ini dibersihkan bersama ratusan benda pusaka lain dalam satu ritual khusus," kata Ila Gilang Kencana, salah seorang pemandu museum.

Di antara senjata pusaka itu tampak sepasang keris nagasasra dengan bentuk hampir serupa. Keris Nagasasra I peninggalan Prabu Panembahan, sementara keris Nagasasra II, yang memiliki ukiran kepala naga di bagian pangkal, adalah peninggalan RAA Surianagara Kusumadinata.

Seperti tertulis di batu nisannya di kompleks permakaman Pesarean Gede Sumedang, Surianagara Kusumadinata atau Kusumadinata IX adalah Bupati Sumedang periode 1791-1828.

Cadas Pangeran, Sumedang, Jawa Barat 1880.

ARSIP NASIONAL

Bupati yang semasa kecil bernama Raden Jamu ini belakangan lebih dikenal dengan sebutan Pangeran Kornel setelah mendapat gelar kemiliteran kolonel semasa pemerintahan Gubernur Jenderal G.A. Baron van der Capellen (1826-1830). Sebutan kolonel dalam lidah rakyat Sunda berubah menjadi Kornel.

Berdasarkan cerita yang berkembang turun-temurun, keris nagasasra itulah yang dibawa Pangeran Kornel ketika berhadapan dengan Gubernur Jenderal Hindia Belanda saat itu, Herman Willem Daendels. Diceritakan, Kusumadinata marah karena menyaksikan penderitaan rakyatnya yang dipaksa bekerja keras membobok bukit cadas yang keras hanya menggunakan alat seadanya. Kemarahan itu dia perlihatkan ketika berjumpa dengan Daendels, yang tengah mengawasi pembangunan jalan. Ketika bersalaman, Pangeran Kornel mengulurkan tangan kirinya, sedangkan tangan kanannya bersiap mencabut keris.

Kisah itu diabadikan dalam sebuah lukisan yang disimpan di Gedung Sri Manganti Museum Prabu Geusan Ulun dan patung di daerah Ciherang, Sumedang. Jika kita menuju Sumedang dari Bandung, di persimpangan jalan antara Cadas Pangeran lama (bagian atas) dan Jalan Raya Cadas Pangeran yang biasa dilalui kendaraan, akan tampak dua patung sedang bersalaman, persis seperti yang diceritakan itu. Kisah Pangeran Kornel ini juga pernah dituturkan oleh R. Memed Sastrahadiprawira dalam novel berbahasa Sunda berjudul *Pangeran Kornel,* yang pertama kali diterbitkan pada 1932.

Ketua Museum Prabu Geusan Ulun-Yayasan Pangeran Sumedang Raden Mochamad Achmad Wiriaatmadja, 75 tahun pada 2015, mengatakan patung berbahan perunggu setinggi sekitar 2,5 meter itu hasil karya Gustiyan Rachmadi, seniman lulusan Fakultas Seni Rupa dan Desain Institut Teknologi Bandung. Patung itu resmi berdiri di sana sejak 29 Desember 2012, menggantikan patung lama yang terbuat dari semen buatan seniman Sumedang, Caltim Prananjaya. "Dulu patungnya lebih kecil," kata Achmad. Patung lama buatan 1987 itu kini ditempatkan di halaman kampus Universitas Winaya Mukti, di Jalan Raya Tanjungsari Kilometer 29, Bandung–Sumedang.

***

JALAN Raya Cadas Pangeran terletak sekitar 6 kilometer sebelah barat daya Kota Sumedang. Melintasi dua kecamatan, yakni Pamulihan dan Sumedang Selatan, jalan sepanjang 3 kilometer ini menjadi salah satu jalan raya tersibuk di Jawa Barat, yang menghubungkan Bandung dengan Cirebon. Hampir setiap menit, truk besar dan bus antarkota melewati ruas jalan yang berkelok-kelok dan berada di antara tebing dan

Monumen Cadas Pangeran, Sumedang, Jawa Barat.

TEMPO/TONY HARTAWAN

jurang yang sangat dalam ini. Namun sesungguhnya Jalan Raya Pos yang dibangun semasa pemerintahan Daendels bukanlah jalan yang ramai dilewati kendaraan-kendaraan berat itu.

Achmad Wiriaatmadja, yang meneliti sejarah Cadas Pangeran sejak 1972, menuturkan, jalan Daendels ada di bagian atas atau di jalur kiri patung bila dari arah Bandung. "Jalan yang digunakan sekarang baru dibangun pada 1900-an. Ketika terjadi tanah longsor pada 1995, jalan itu diperbaiki dengan menggunakan konstruksi cakar ayam," kata Achmad.

Pertemuan antara Pangeran Kornel dan Daendels terjadi di salah satu kelokan di ruas jalan lama yang ditandai sebuah prasasti. Prasasti itu bertulisan kalimat dalam bahasa Belanda dan Indonesia yang berbunyi: "Di bawah pimpinan Raden Demang Mangkoepradja dan di bawah penelitian Pangeran Koesoemah Dinata dibuat pada tahun 1811 dibobok dari tanggal 26 Nopember sampai tanggal 12 Maret 1812." Ketika keduanya bertemu, usia Pangeran Kornel dan Daendels sebaya, yakni 49 tahun. "Sebagai penguasa, Pangeran Kornel sudah berpengalaman. Ia sempat menjadi wedana di Cikalong sebelum kembali ke Sumedang," katanya.

Sejarawan dari Universitas Padjadjaran, A. Sobana Hardjasaputra, mengatakan jalan Cadas Pangeran merupakan bagian dari proyek pembangunan Jalan Raya Pos yang membentang sepanjang 1.000 kilometer, dari Anyer di ujung barat sampai Panarukan di ujung timur Jawa. Pembangunan Jalan Raya Pos, terutama rute awal yang menghubungkan Buitenzorg (Bogor) dengan Karangsambung melalui Cisarua, Bandung, dan Sumedang, selaras dengan cita-cita Bupati Bandung saat itu, Wiranatakusumah II, untuk memindahkan pusat pemerintahan dari Krapyak (kini Dayeuh Kolot) ke utara. "Dayeuh Kolot dianggap sudah tak layak karena saat musim hujan sering banjir dari luapan Sungai Citarum," kata Sobana.

Namun, di Sumedang, pembangunan Jalan Raya Pos sempat menimbulkan ketegangan. Setelah pembuatan jalan berlangsung beberapa waktu, Bupati Sumedang meminta rute jalan melintasi pinggir tebing. Alasannya, kata Sobana, mustahil rakyatnya sanggup membobol bukit berbatu cadas sesuai dengan tenggat dengan peralatan sangat sederhana, seperti cangkul, linggis, dan belencong. Kondisi Cadas Pangeran saat itu juga masih berupa hutan belantara dan banyak binatang buas.

Namun Sobana tak yakin apakah peristiwa jabat tangan antara Bupati Sumedang dan Daendels benar terjadi atau sekadar rekaan sebagai simbol perlawanan Bupati Sumedang. Ia menduga yang dijumpai sang Bupati bukan Daendels, melainkan asisten residen. Asisten residen itu sendiri ada di zaman pemerintahan Gubernur Jenderal Hindia Belanda Stamford Raffles sejak 1812.

Sejarawan dari Universitas Indonesia, Djoko Marihandono, juga ragu terhadap pertemuan itu. Menurut dia, bila pertemuan itu sungguh terjadi, pasti akan dicatat secara lengkap dan tersimpan dalam arsip. "Tidak ada satu pun arsip yang mencatat pertemuan itu," kata pengajar tetap pada Program Studi Prancis Departemen Sejarah Fakultas Ilmu Pengetahuan Budaya Universitas Indonesia ini.

Beberapa tulisan leksikografi yang membahas masa pemerintahan Daendels juga tak menyebut peristiwa yang terjadi di Cadas Pangeran itu. Merujuk pada isi prasasti di Cadas Pangeran, Djoko menduga yang dijumpai Kusumadinata itu hanyalah seorang pejabat tinggi Inggris, khususnya yang ditugasi mengawasi proyek perluasan jalan. Sebab, pada periode itu Hindia Belanda sudah dikuasai Inggris. Daendels sendiri telah kembali ke Belanda pada 29 Juni 1811 dan digantikan oleh Jan Willem Janssens.

Namun Achmad tetap yakin perjumpaan itu benar adanya. "Cerita itu yang saya dapat dari para leluhur, Pangeran Kornel memang bertemu dengan Daendels," ujar Achmad. Pertemuan itu, menurut dia, terjadi jauh sebelum Daendels ditarik pulang ke Belanda. Tahun yang tertera di prasasti, kata dia, menunjukkan waktu saat bukit cadas mulai dibobok oleh pasukan zeni yang dipimpin Von Lutzow dengan menggunakan mesiu.

Menurut Achmad, kehadiran pasukan zeni itu merupakan bagian dari kesepakatan antara Pangeran Kornel dan Daendels. "Pangeran Kornel sendiri sebetulnya tidak menentang pembangunan jalan karena dia tahu jalan itu sangat penting, terutama untuk mengangkut komoditas kopi. Tapi beliau tidak mau rakyatnya jadi korban," kata Achmad. Pangeran Kornel wafat pada 1828. Jabatan bupati kemudian berpindah ke putranya, Adipati Kusumayuda, yang berkuasa sepanjang 1828–1833.

Makam Misterius di Kampung Cijeruk

Korban kerja paksa pembangunan Jalan Raya Pos diperkirakan juga dikubur langsung di sekitar Cadas Pangeran.

TANJAKAN Si Budi dan Pancuran Orok. Di dua lokasi di Cadas Pangeran itu sering ditemukan mayat. Dedi Kusnadi, 43 tahun, pengojek yang biasa *mangkal* tak jauh dari tempat berdirinya patung Pangeran Kornel dan Gubernur Jenderal Herman Willem Daendels, beberapa kali menjadi saksi kasus penemuan mayat yang membuatnya harus bolak-balik ke kantor polisi. Ia, misalnya, pernah menjadi saksi penemuan mayat korban mutilasi.

Dedi ingat, semasa ia duduk di bangku sekolah dasar, akhir 1970-an sampai awal 1980-an, Cadas Pangeran terkenal angker. "Jam 5-6 sore, warga sudah takut ke luar rumah," ujarnya. Angkernya jalan Cadas Pangeran tak lepas dari kondisinya yang sempit, gelap, dan sepi. Tak aneh bila Cadas Pangeran menjadi pilihan untuk membuang mayat korban pembunuhan.

Kawasan Cadas Pangeran, Sumedang.

TEMPO/TONY HARTAWAN

Untuk menghilangkan jejak, pembunuhnya membuang mayat itu ke dasar jurang Cadas Pangeran, yang ditumbuhi pohon pinus dan bambu. Bahkan, pada 1980-an, ketika musim penembakan misterius, hampir tiap pekan warga setempat menemukan mayat lelaki bertato di dalam karung di pinggir jalan.

Secara fisik, jalan penghubung antara Bandung dan Sumedang ini juga terbilang menyeramkan. Kondisi jalan yang berkelok-kelok dan diapit tebing tinggi yang riskan longsor saat musim hujan membuat Cadas Pangeran dikenal sebagai jalur maut.

Namun yang tak kalah menakutkan adalah cerita tentang banyaknya korban tewas selama pembangunan jalan semasa pemerintahan Daendels. Menurut Raden Mohamad Achmad Wiriaatmadja, tokoh Sumedang yang juga Ketua Museum Prabu Geusan Ulun (Museum Yayasan Pangeran Sumedang), korban kerja paksa pembangunan Jalan Raya Pos gagasan Daendels itu dimakamkan tersebar di sekitar Cadas Pangeran.

Di antaranya di lereng belakang deretan kios dekat mulut Cadas Pangeran, yang berada di sebelah kiri dari arah Bandung, dan di area persawahan Kampung Singkup. "Saya pasangi tugu di Singkup untuk mengenang jasa korban Jalan Pos," ujar Achmad. Di Kampung Singkup itu, kata dia, ditemukan lima kuburan korban Jalan Raya Pos. Ia mengatakan mengetahui kuburan tersebut berdasarkan cerita lisan penduduk saat menelisik riwayat sejarah daerah Cadas Pangeran pada 1972.

Tempo mendatangi lokasi pertama yang disebut Achmad. Lokasi itu masuk wilayah Kampung Cijeruk. Tempat itu dipasangi pagar pilar beton tinggi sepanjang 200 meter sebagai penahan tanah jika terjadi longsor. Adang Jayadi, koordinator pedagang Cadas Pangeran, menyebutkan pagar beton itu dibuat pada 2005. Sebelum tempat itu ditanami tiang beton, kata Adang, warga menemukan perkuburan berisi 12 makam. "Makamnya tidak baris teratur. Semuanya menghadap ke barat. Karena dipasang beton, enam makam dipindahkan ke lereng lebih atas, lengkap dengan batu nisannya," ujarnya.

Jalan ke makam relokasi itu menanjak terjal melewati semak belukar dengan kemiringan sekitar 45 derajat. Adang harus menebas semak belukar menuju kompleks makam tersebut. "Ini makam raja, itu istrinya dan empat anak buahnya," ujarnya menerangkan deretan makam itu.

Adang menyebutkan makam "raja" itu satu-satunya pusara yang memiliki batu nisan berhuruf Arab. Aksara Arab itu sendiri sudah sulit terbaca karena berlapis tanah dan lumut. Menurut dia, ketika dipindahkan, jasad "raja" itu masih ada separuh dengan kuku-kuku tangan yang memanjang. "Saya enggak tahu itu sebenarnya siapa," kata Adang. Ia mengaku tidak pernah mendengar riwayat dari sesepuh kampung bahwa kumpulan makam itu merupakan korban Jalan Pos.

Tempo juga sempat mendatangi persawahan Kampung Singkup, tempat Achmad memasang tugu. Namun, seperti di lokasi pertama, warga sekitar, seperti pemilik warung makan yang telah berjualan selama sembilan tahun di dekat tugu, tak tahu soal korban Jalan Pos di sana. Empat plakat di sekeliling tugu juga sudah tak bisa terbaca tulisannya karena catnya luntur dan berkarat.

Lenyapnya Pelabuhan-pelabuhan Kuno Rembang

Sejak zaman Majapahit, pelabuhan Rembang termasyhur. Banyak jalan dibuat untuk menopang pelabuhan, yang lalu dimanfaatkan Daendels menjadi Jalan Pos. Kini pelabuhan-pelabuhan kuno itu lenyap.

RATUSAN kapal kayu warna-warni memenuhi dermaga sisi barat Pelabuhan Perikanan Pantai Tasikagung, Rembang. Pagi itu, Ahad, 17 Mei 2015, sebagian di antaranya baru saja pulang dari laut. Dua mobil bak terbuka bergantian datang dan pergi mengangkut hasil tangkapan semalam untuk dibawa ke pelelangan.

Tak jauh dari sana, di sebelah selatan dermaga, para penjual, pembeli perorangan, dan pedagang pasar serta utusan pabrik pengolahan ikan berjubel di Tempat Pelelangan Ikan Tasikagung, yang mulai sesak dengan keranjang kuning berisi ikan. "Ikan sedang melimpah," kata Sukarli, 51 tahun, salah seorang nelayan Rembang.

Sukarli tak asal bicara. Hingga pertengahan Mei 2015, Pusat Informasi Pelabuhan Perikanan mencatat Tasikagung telah memproduksi 1.341 ton hasil laut, hampir lima kali lipat dibandingkan dengan perolehan bulan sebelumnya.

Pemandangan kota pelabuhan Rembang, 1910.

DOK: MUSEUM VOLKENKUNDE

Setelah pemerintah menyetop perizinan kapal penangkap ikan buatan luar negeri, kini Tasikagung menempati urutan keenam pelabuhan perikanan dengan jumlah produksi terbanyak, setelah Belawan, Bajomulyo, Bitung, Tegalsari, dan Brondong.

Ironisnya, meski memiliki potensi sumber daya kelautan yang besar, hingga saat ini Rembang praktis tak mempunyai pelabuhan niaga sendiri buat memasarkan produknya. Untuk aktivitas perdagangan, terutama ke mancanegara, mereka masih mengandalkan Pelabuhan Tanjung Emas, Semarang, dan Tanjung Perak, Surabaya, yang sebelumnya harus ditempuh lewat darat.

Padahal peran Rembang sebagai kota pelabuhan dengan sejarah industri galangan kapal telah termasyhur sejak era

Kerajaan Majapahit. Daerah sekitar Tasikagung adalah daerah bekas pelabuhan-pelabuhan kuno Rembang. Pada masa Majapahit, menurut Ketua Masyarakat Sejarawan Indonesia (MSI) Rembang Edi Winarno, banyak jalan setapak menyusuri pantai utara dibuat untuk masuk ke pelabuhan-pelabuhan tersebut. "Jalan itu dibuat untuk menopang pelabuhan," ujar Edi. Jalan itu, sekitar 1810, diperbaiki ketika Gubernur Jenderal Herman Willem Daendels memerintahkan pembangunan Jalan Raya Pos Anyer–Panarukan, hingga kemudian bernama Pantura.

***

SEKITAR 11 kilometer ke arah timur Tasikagung, Jalur Pantura, melintasi Sungai Kiringan, misalnya, pernah berdiri pelabuhan utama Kerajaan Majapahit. *Babad Lasem* menceritakan, Rajasawardhana atau Bhre Matahun, suami Bhre Lasem, yang juga seorang *dhang puhawang Wilwatikta* atau admiral, membangun dan mendirikan kapal-kapal perang Majapahit.

Di sebelah utara Kiringan, masih di pinggir Jalur Pantura kini, pernah pula tercatat keberadaan Pelabuhan Teluk Regol atau Teluk Bonang, yang juga menjadi tempat bersandarnya kapal-kapal Rajasawardhana. Di situlah suatu ketika saudagar asal Campa yang juga awak rombongan armada Laksamana Cheng Ho merapat. Namanya digunakan menjadi nama desa: Binangun.

Di Rembang dulu terdapat pula Pelabuhan Dasun. Pelabuhan yang dekat dengan Sungai Babagan itu juga dibelah Jalur Pantura. Pada pertengahan abad ke-17, warga Cina, yang membangun pecinan di sisi timur sungai, melebarkan kali itu untuk memudahkan arus perdagangan dan pengembangan galangan kapal. Pelabuhan Dasun sempat menarik perusahaan dagang Hindia Belanda (Vereenigde Oostindische Compagnie)

pada pertengahan abad itu untuk memonopoli perniagaan kayu jati. Sejak 1515, wilayah ini memang digambarkan sebagai daerah yang kaya pohon jati oleh pelaut Portugis, Tome Pires, ketika singgah di Jepara dan Rembang.

Bangunan galangan kapal di Dasun (kanan).

DOK. FORUM KOMUNITAS MASYARAKAT SEJARAH LASEM/ REPRO: FARAH FUODONA

Namun pelabuhan-pelabuhan kuno tersebut akhirnya lenyap, nyaris tak berbekas. Kiringan kini hanya kali kecil selebar tiga meter, nyaris tak terurus, diapit permukiman dan tambak. Wajah bekas Pelabuhan Dasun dan Teluk Bonang juga tak lebih baik. Menurut Edi, Dasun, yang semula menggantikan Kiringan dan Regol hingga masa pendudukan Jepang, akhirnya binasa menyusul stok jati menipis. Modernisasi juga lebih mengembangkan kapal berbahan besi ketimbang kayu.

Kepala Dinas Perhubungan Kabupaten Rembang Suyono mengatakan, sejak 2005, pemerintah telah berupaya mengembalikan kejayaan Rembang sebagai kota pelabuhan lewat Kawasan Bahari Terpadu. Terlebih kepadatan Jalur Pantura di Rembang sudah mencapai 20 ribu kendaraan per hari. “Perlu ada pengalihan beban dari transportasi darat ke laut,” ujarnya.

Toh, tak mudah mewujudkannya. Survei yang disokong pemerintah pusat kesulitan menemukan lokasi yang tepat untuk dijadikan dermaga umum. Tasikagung, yang semula diharapkan bisa menjadi pelabuhan terpadu, ternyata terlalu dangkal. Begitu pula sepanjang pantai sisi timur Rembang hingga Lasem.

Akhirnya, pada 2009, lokasi pelabuhan baru ditetapkan di Kecamatan Sluke, sebelah timur pesisir Lasem. Pelabuhan baru bernama Tanjung Bonang itu digadang-gadang bakal menjadi pelabuhan nasional setidaknya pada 2020, sebagai alternatif Tanjung Emas dan Tanjung Perak yang mulai jenuh. Bupati Rembang Abdul Hafidz hakulyakin pelabuhan itu akan menggerakkan berbagai potensi perekonomian di Rembang.

Dewa-dewa Sepanjang Jalan Pos

Pembangunan Jalan Raya Pos Daendels berdampak pada proses ibadah kelenteng yang berdiri di sepanjang jalan tersebut.

AROMA hio yang pekat menusuk hidung. Sejak siang, umat Tridarma—Buddha, Tao, dan Konghucu—berdoa kepada Dewi Samudra Thian Siang Sing Bo di Kelenteng Tjoe Hwie Kiong. Nuansa sakral di kelenteng yang berada di Jalan Pelabuhan, Kabupaten Rembang, Jawa Tengah, menjelang sore pekan kedua Mei 2015 itu kian terasa. Makin banyak orang melakukan puja khidmat di depan altar sang Dewi.

Hari itu hari ulang tahun sang Dewi. Hari lahir Dewi Samudra dalam kalender Imlek jatuh pada bulan 3 tanggal 23. Dewi Thian Siang dimitoskan sebagai gadis kecil yang menyelamatkan sekelompok nelayan Cina dari ombak besar. Umur gadis ini tak panjang. Setelah kematiannya, gadis itu dipuja sebagai Dewi Samudra. Tempat pemujaannya pun dibangun menghadap ke laut untuk menghormati keberaniannya saat melawan laut.

Altar utama kelenteng Kwan Sing Bio, Tuban, Jawa Timur. Kelenteng Kwan Sing Bio dibangun pada abad ke-18.

TEMPO/ARIS NOVIA HIDAYAT

Semakin malam, perayaan kian meriah dengan digelarnya pertunjukan gamelan dan wayang kulit serta upacara makan mi, yang bermakna panjang umur. *Tempo* melihat lebih dari 500 orang datang ke perayaan ini—setengahnya berasal dari Jakarta, Semarang, dan Surabaya.

Perayaan kali ini bukan yang terbesar. Perayaan akbar di Kelenteng Tjoe hanya digelar sepuluh tahun sekali. Terakhir diadakan pada 1 Mei 2011. Acara utama perayaan akbar adalah kirab *kimsin*: arak-arakan patung dewa. Patung Dewi Samudra bersama dewa-dewi lain diajak berkeliling sejauh dua kilometer dengan titik mula rumah pemujaannya. Mereka dibawa mengitari jalan kampung di sekitar Kelenteng Tjoe, lalu menyusuri bekas Jalan Raya Pos Daendels, dan kembali ke kelenteng itu.

Kelenteng Tjoe di Rembang sudah ada sebelum Jalan Pos dibangun Herman Willem Daendels pada 1808. Bangunan yang ada sekarang merupakan bangunan kedua, yang didirikan pada 1841. Bangunan ini berdiri membelakangi jalan raya.

Sebelum berdiri di tempat yang sekarang, kelenteng ini terletak di Desa Jangkungan, Kecamatan Kaliori. Desa itu menjadi tempat awal berlabuhnya kapal-kapal saudagar dari Cina pada abad ke-15. Tak ada keterangan tertulis sejak kapan Kelenteng Tjoe Hwie Kiong dibangun di Jangkungan dan alasan pemindahannya ke tempat yang sekarang.

"Yang jelas, pada 1740-an, Belanda memecah pecinan," ujar Eddie Soesanto, Ketua Yayasan Dwi Kumala, pengelola Kelenteng Tjoe sejak masa Orde Baru. Satu kawasan pecinan tetap ada di Jangkungan, sebelah barat Rembang. Satu lagi berada di Desa Dresi, sebelah timur pusat Kota Rembang kini. Terbagi duanya pecinan dan dibangunnya Jalan Raya Pos membawa dampak bagi Kelenteng Tjoe.

"Kirab pasti selalu melewati jalan buatan Daendels ini setelah melewati jalan kampung," kata Sekretaris Yayasan, Julianto. Tujuannya berbagi keberkahan bagi masyarakat sekitar.

***

JALAN Raya Pos Daendels menjadi faktor penting bagi perayaan setiap kelenteng yang berada di sepanjang jalur tersebut. Selain Kelenteng Tjoe Hwie Kiong di Rembang, ada Kelenteng Hok Hien Bio di Kudus. Kelenteng yang berdiri sejak 1750-an itu menghadap persis ke Jalan Ahmad Yani, bagian dari Jalan Raya Pos di Kudus.

Kelenteng ini dikenal memuja Dewa Bumi Hok Tek Tjing Sien, yang berulang tahun tiap bulan 12 tanggal 16 kalender Imlek. Pada 2015, hari lahir Dewa Bumi bertepatan dengan 1 Februari atau 18 hari sebelum Imlek tahun 2566. Seperti perayaan akbar di kelenteng lain, *kimsin* Dewa Bumi diarak di dalam tandu berkeliling jalan Kota Kudus melalui Jalan Ahmad Yani itu. Daun pohon beringin perlambang kepatuhan menghiasi tandu dewa. Di atap dan kiri-kanan tandu *njagong* naga emas yang diibaratkan sebagai pengawal dewa.

Rombongan barongsai mengawal prosesi kirab tersebut. Sebanyak 32 "dewa-dewi" undangan datang dari seluruh Indonesia. Sebelum menjalani kirab, para pengangkut tandu patung dewa akan mengitari halaman kelenteng. "Sebagai tanda penghormatan kepada para dewa," kata Bambang Goenarto, ketua panitia kirab. Para pengangkut tandu itu, menurut Bambang, baru akan melakukan perjalanan sejauh dua kilometer setelah merasa kekuatan gaib dari Yang Mahakuasa masuk ke tubuh. Rute arak-arakan bermula dari kelenteng menuju Alun-alun Kota Kudus untuk mengitari pusat pertemuan tujuh jalan. "Entah apa maknanya, kami hanya menjalani yang sudah ada sejak dulu," ujarnya.

Di Jawa Tengah, sebetulnya ada dua kelenteng lain yang bersanding dengan Jalan Raya Pos, yakni Kelenteng Po Ang Hio di Jalan Sultan Fatah, Demak, yang memuja Dewi Samudra, dan Kelenteng Hok Khing Bio di Desa Bumirejo, Kecamatan Juwana, Pati, dengan Dewa Buminya. Namun jarang sekali orang beribadah di dua kelenteng ini sejak kegiatan peribadahan Tionghoa dilarang pemerintah Orde Baru. "Padahal, sebelumnya, kedua kelenteng yang sudah berdiri sejak awal abad ke-16 ini selalu ramai pengunjung," kata Tony Hartono, penjaga Kelenteng Hok Khing Bio.

Sepinya kegiatan peribadahan itu membuat Tony lebih sering menggembok gerbang kelenteng. "Dalam seminggu belum pasti ada yang sembahyang," kata pria 50 tahun itu. Sedangkan Go Eng Lok, 55 tahun, penjaga Kelenteng Po Ang Hio, Demak, sering menitipkan *kimsin* sang Dewi ke Kelenteng Tjoe Hwie Kiong, Rembang, saat merayakan hari lahirnya. Ini berarti *kimsin* sang Dewi penjaga kelenteng Demak itu ikut juga mengitari jalan Daendels.

***

ARAK-ARAKAN dewa kelenteng yang paling langsung menyusuri jalan Daendels ada di Jawa Timur, tepatnya di Kelenteng Kwan Sing Bio, Tuban. Kelenteng yang terletak di Jalan R.E. Martadinata ini menggelar upacara akbar ulang tahun Dewa Kwan Kong setiap lima tahun. Dalam kalender Imlek, Dewa Kwan Kong lahir pada bulan 6 tanggal 24.

Saat perayaan kelahirannya, *kimsin* Kwan Kong akan dibawa mengitari Kota Tuban. Arak-arakan itu menempuh jarak enam kilometer dengan jalur Kelenteng Kwan–Jalan Sudirman–W.R. Supratman–Basuki Rahmat–R.E. Martadinata–Kelenteng Kwan, yang setengah jalurnya merupakan bagian dari Jalan Raya Pos Daendels. Dari perbatasan Jawa Tengah-Jawa Timur sampai ke ujung Kota Tuban, Jalan Raya Pos membentang sepanjang 55 kilometer, berdampingan dengan laut.

Entah kebetulan entah tidak, jalur arak-arakan dewa membentuk pola bujur sangkar. "Bentuk yang baik dalam kepercayaan Tionghoa," ujar Ketua Umum Tempat Ibadah Kwan Sing Bio, Oei Ging Koen, kepada *Tempo*. Terbentuknya pola bujur sangkar itu memiliki cerita tersendiri. Syahdan, empat kapal milik armada Van Neck dan Laksamana Muda Van Warwijk mendarat di Kambang Putih—nama awal Tuban—pada Januari 1599. Orang Belanda akhirnya membangun permukiman. Salah satunya di sekitar alun-alun lama di Desa Prunggahan Kulon, Kecamatan Semanding.

Mereka membangun jalan dan meluaskan permukiman, termasuk merelokasi kawasan pecinan setelah meletusnya geger pecinan di Batavia, pada 1740, yang menewaskan 10 ribu lebih etnis Cina. Belakangan, jalan utama kota yang sudah ada sebelumnya dihubungkan dengan Jalan Raya Pos. Penyatuan ini berdampak pada luas kelenteng.

Khing Hien, 77 tahun, sesepuh kelenteng, menceritakan bentuk awal kelenteng itu. "Saya dengar secara turun-temurun

Kelenteng Tjoe Hwie Kiong.

TEMPO/FARAH FUODONA

dari kakek buyut, kelenteng pertama kali dibangun pada 1714. Luasnya hanya 60 meter persegi, persis menghadap ke laut. Bangunan inilah yang menjadi altar sembahyang sekarang," kata Hien. Jarak antara Kelenteng Kwan dan laut hanya 50 meter. Menurut Hien, berdasarkan *hong shui*, bangunan khas Cina biasanya menghadap ke sungai atau laut.

Jalan Raya Pos Daendels sepanjang empat kilometer, yang kini membentang dari Jalan Sudirman ke Jalan R.E. Martadinata, kemudian dibuat di depan kelenteng itu. Jalan raya ini seolah-olah memotong "hubungan" antara kelenteng itu dan laut utara Jawa. Akibatnya, kelenteng itu menghadap ke jalan raya Daendels.

Mulanya, jalan raya itu hanya selebar tujuh meter. Lantaran banyak truk bermuatan tonase besar kerap melintasi jalan ini pada zaman Orde Baru, pada 1970, pemerintah melebarkan jalan menjadi sepuluh meter. Imbas dari pelebaran itu terlihat pada gerbang kelenteng. Pintu masuk kelenteng itu, yang tadinya berlambang dua naga liong, diubah menjadi berlambang kepiting hijau raksasa. "Tidak ada maknanya, hanya kesepakatan para sesepuh dulu," ujar Hien.

Menurut Hien, Belanda memiliki nama lain untuk kelenteng ini, yakni Gereja San See Hu Cu, yang berarti "Yang Mulia dari San See". San See adalah salah satu provinsi di Cina, tempat kelahiran Kwan Kong. Semasa hidupnya, 162-220 Masehi, pria ini dikenal sebagai jenderal pemberani dan jujur dari Dinasti Han. Itu sebabnya, pada zaman Dinasti Song (960-1279 Masehi), Kwan Kong dipuja sebagai salah satu dewa kepercayaan Taois di Kuil Yam Auw, di tepi danau di Provinsi San See.

Kwan Kong berulang tahun setiap tanggal 8 Agustus. Saat itu, Sang Jenderal akan diarak menyusuri bekas jalan Marsekal Daendels.

Mengarak Jenderal Harimau di Suryakencana

ONG Tik Hauw masih ingat betapa meriahnya arak-arakan patung Hok Tek Ceng Sin, Dewa Bumi, dan pengawalnya, Houw Ciong Kun atau Jenderal Harimau, saat perayaan Cap Go Meh di Bogor, April 2015. Kedua dewa itu digotong di dalam tandu dari Kelenteng Hok Tek Bio atau Yayasan Vihara Dhanagun di Jalan Suryakencana 1, Bogor—tempat mereka bersemayam sehari-hari. Dari situ, dua dewa tersebut diboyong menuju Jalan Siliwangi, lalu memutar melalui Jalan Pajajaran, hingga kembali ke Vihara Dhanagun melewati Jalan Otista.

Arak-arakan itu diikuti puluhan toapekong milik vihara-vihara lain dari seluruh Jawa Barat. Bahkan ada yang dari kelenteng-kelenteng Jawa Tengah. "Jalan sesak dengan orang yang ingin lihat dewa," kata Ong, 50 tahun, tokoh Tionghoa di Bogor. Arak-arakan yang disaksikan Presiden Joko Widodo itu diikuti pawai budaya berbagai macam kesenian.

Terasa suasana peleburan yang kuat saat itu. Cap Go Meh bukan hanya milik penganut Tridarma atau masyarakat Tionghoa, melainkan milik seluruh masyarakat Bogor. Adalah menarik bahwa di dalam Kelenteng Hok Tek Bio juga ada tempat peziarahan Mbah Bogor. Mbah Bogor dalam kepercayaan masyarakat Sunda tradisional disebut-sebut sebagai sosok gaib Eyang Raden Suryakencana. Keberadaan Eyang Suryakencana ini di Gunung Gede bersama Prabu Siliwangi.

Vihara Dhanagun, Bogor.

DOK.TEMPO/ PANCA SYURKANI

Kelenteng Hok Tek Bio tampak memberi tempat kepada kepercayaan lokal semacam itu. Bahkan Dewa Houw Ciong Kun, Dewa Macan—yang dalam legenda Cina dikisahkan sebagai seekor macan sakti pengawal Hok Tek Ceng Sin—juga dikaitkan dengan keberadaan Raden Suryakencana dan Prabu Siliwangi. Jenderal macan itu dipercaya menjaga Raden Suryakencana dan Prabu Siliwangi.

Sejak abad ke-16, kawasan Suryakencana yang dekat dengan Istana Bogor itu memang permukiman orang Cina. Tapi tak ada yang tahu kapan persisnya pecinan di daerah ini berdiri. Seingat Ko Ayung, 80 tahun, pengurus Yayasan Vihara Dhanagun, berdasarkan cerita yang dia dapat secara turun-temurun, pecinan sudah ada sejak 1700-an. "Saat itu, orang Cina dibawa ke Bogor untuk dijadikan tukang," ujarnya. Kawasan Suryakencana sendiri adalah bagian dari Grote Postweg atau Jalan Raya Pos. Tapi rute Jalan Pos di Bogor tidak sepenuhnya dibuat Daendels. Ia memanfaatkan jalan di Bogor yang sudah dikerjakan Gustaaf Willem van Imhoff, gubernur jenderal ke-27, pada 1744.

Kelenteng Hok Tek Bio sendiri dibangun pada 1860-an atau 30 tahun setelah Jalan Raya Pos selesai dikerjakan. Mulanya, kata Ayung, kelenteng ini hanya berupa bangunan gubuk. Pada 1872, gubuk tersebut dilebarkan menjadi bangunan seluas 180 meter persegi dengan tiga ruang sembahyang. Sejak saat itulah pihak kelenteng selalu menggelar perayaan Cap Go Meh, yang jatuh pada hari ke-15 bulan Cia Gwee, bulan pertama kalender Cina.

Arak-arakan barongsai dan liong yang mengikuti dewa memang paling ditunggu warga saat Cap Go Meh tiba. "Keduanya menjadi daya tarik utama," kata Karta Lugina, sesepuh kelenteng dan penasihat Perguruan Bangau Putih. Tiap tahun, Perguruan Bangau Putih menyediakan para jago kungfu untuk memainkan barongsai.

Mengharukan, setelah mengelilingi rute panjang yang sebagian melalui rute Jalan Pos itu, saat sampai kembali di Kelenteng Hok Tek Bio, kita bisa melihat bahwa yang dilakukan pertama kali oleh berbagai barongsai dan liong itu adalah berlutut, sujud takzim di depan joli atau tandu patung Hok Tek Ceng Sin dan Houw Ciong Kun, sang macan, yang lebih dulu sampai.

Tiang Manusia di Jembatan Manyar

Jembatan di Manyar menyimpan kisah kekejaman Daendels dalam membangun Jalan Raya Pos. Benteng Lodewijk dan Desa Bedilan juga diyakini peninggalan Daendels.

TRUK sarat beban melintasi Jembatan Geladak Manyar, Jalan Raya Manyar, di Kecamatan Manyar, sekitar 10 kilometer ke arah barat dari pusat Kota Gresik. Seiring dengan deru mesin truk pembawa tanah urukan yang menggetarkan apa pun di dekatnya itu, jembatan yang menyeberang di atas anak Kali Brantas tersebut ikut bergoyang. Ratusan truk pembawa bahan galian C hilir-mudik di jembatan itu setiap hari. Belum lagi sepeda, sepeda motor, mobil pribadi, dan angkutan umum memanfaatkan jalan nasional yang menghubungkan Tuban–Gresik dan termasuk jaringan Jalan Raya Pos itu.

Banyaknya kendaraan berat melintas di Jembatan Geladak Manyar lantaran di sepanjang Jalan Raya Pos antara Kecamatan Manyar dan Sedayu itu berderet proyek seperti pembangunan pabrik, pengurukan untuk gudang, dan pelabuhan internasional. Bukan hanya Jembatan Geladak Manyar, Jembatan Tambak Ombo dan Jembatan Sembayat pun bernasib sama. Kondisi jem-

Jembatan Geladak Manyar, Gresik.

TEMPO/ARTIKA FARMITA

batan kian memprihatinkan lantaran lapisan aspalnya terkelupas di sana-sini, membuat permukaan jembatan bergelombang.

"Jembatan Sembayat dan Manyar sudah tidak layak sebenarnya. Makanya cuma boleh dilalui truk kecil dan mobil. Bus penumpang yang besar, tronton, dan truk gandeng enggak boleh lewat," ujar laki-laki asal Desa Cangkring, Sembayat, yang hanya mau dipanggil Pak No.

Masyarakat pengguna jalan telah lama mengeluhkan keadaan ini. Namun Dinas Pekerjaan Umum dan Dinas Perhubungan Pemerintah Kabupaten Gresik tidak juga bertindak lantaran menganggap jembatan ini merupakan kewenangan Balai Pembangunan Jalan Nasional V. Jika tidak segera diperbaiki dan tidak dilakukan pembatasan kendaraan yang boleh melintas, bukan tak mungkin jembatan sepanjang 50 meter itu akan ambrol.

Padahal Jembatan Manyar, yang dibangun ulang dengan struktur dari baja pada 1988, memiliki nilai sejarah. Sejarah itu berhubungan dengan asal-usul nama Geladak dan sejarah pembangunan Jalan Raya Pos yang digagas Gubernur Jenderal Hindia Belanda Marsekal Herman Willem Daendels pada 1808. Menurut budayawan dan pengamat sejarah Gresik, Kris Aji, masyarakat Gresik di sekitar Kecamatan Manyar sangat familiar dengan istilah "geladak".

"Kata 'geladak' merujuk pada permukaan susunan kayu berjajar yang tak rata. Seperti ketika Daendels meminta ratusan penduduk berjajar memegang balok kayu," ucap Ketua Masyarakat Pecinta Sejarah dan Budaya Gresik (Mataseger) ini.

Peristiwa itu diperkirakan terjadi pada November 1808, ketika Daendels mengadakan inspeksi. Betapa terkejutnya ia melihat jembatan belum rampung. Dengan murka, Daendels memerintahkan bupati mengumpulkan warga di sekitar lokasi. Sebagai hukuman, para penduduk disuruh berbaris berhadapan di ruas jembatan yang belum jadi. Tiap orang memegang balok membentuk geladak. Begitu jembatan bertiang manusia itu jadi, Daendels menaiki kereta kudanya dan dengan pongahnya melintas.

Kejadian itu dicatat dalam buku *Grissee Tempo Doeloe* yang ditulis Dukut Imam Widodo. Menurut Dukut, metode hukuman seperti itu lazim diterapkan Daendels. Dukut mengatakan Daendels biasa memaksa bupati atau pejabat setempat menyetor ratusan penduduknya untuk menjadi tiang pancang hidup. "Setiap kali Daendels melakukan inspeksi dan jembatan belum jadi, ia pasti memerintahkan untuk membikin tiang pancang dari manusia itu. Tidak hanya di Gresik," ujarnya.

***

DI Gresik, Daendels tak hanya membangun jalan "trans Jawa" pertama, tapi juga benteng pertahanan. Sebuah benteng bernama Fort Lodewijk ikut disegerakan dibangun Daendels untuk berjaga serta mengawasi wilayah Surabaya dan Madura. "Tujuannya untuk mengantisipasi serangan tentara Inggris dari wilayah timur," kata Kris Aji.

Nama Lodewijk dipakai sebagai nama benteng, menurut Kris Aji, sebagai penghormatan terhadap Louis Bonaparte alias Lodewijk. Lodewijk diangkat sebagai pengganti Raja Belanda saat Prancis menjajah Belanda, 1806-1810. Benteng itu, kata Kris Aji, termasuk benteng terbesar yang dibangun di Jawa. Letaknya cukup jauh dari pusat kota, berada di Tanjung Widoro, Mengare, Gresik, yang menjorok ke laut. Posisinya memungkinkan pengawasan lebih mudah ke arah Pulau Madura dan pesisir di sebelah timur Gresik.

Sebelumnya, pada 1806, armada kecil Inggris di bawah Laksamana Edward Pellew muncul di Gresik. Setelah blokade singkat, pemimpin militer Belanda, Frederic von Franquemont, memutuskan tidak mau menyerah kepada Pellew. Ultimatum Pellew untuk mendarat di Surabaya tidak terwujud. Tapi, sebelum meninggalkan Jawa, Pellew menuntut Belanda agar membongkar semua pertahanan meriam di Gresik, dan dikabulkan.

Daendels menyadari bahwa kekuatan Prancis-Belanda yang ada di Jawa tidak akan mampu menghadapi kekuatan armada Inggris. Maka ia pun melaksanakan tugasnya dengan segera. Ia membangun sejumlah rumah sakit dan tangsi militer baru. Tentara Belanda diisinya dengan orang-orang pribumi.

Di Semarang, Daendels membangun pabrik meriam dan mendirikan sekolah militer di Batavia. Kastil di Batavia dia hancurkan dan diganti dengan benteng di Meester Cornelis (kini Jatinegara).

"Di Gresik, dibangunlah Benteng Lodewijk, yang bentuknya mirip Fort Oranje di Brasil," ucap Kris Aji.

Kondisi benteng itu kini memprihatinkan. Letaknya di ujung sebuah endapan lumpur yang menjorok ke arah Selat Madura sejauh 1.280 meter. Di sebelah selatan benteng mengalir Sungai Cemara dan di timur terbentang Selat Kamal. Menurut data Balai Arkeologi Yogyakarta tahun 2007, Benteng Lodewijk berbentuk empat persegi panjang. *Bastion* (bangunan pertahanan) tersisa di sudut barat laut dan barat daya, sedangkan yang di sudut timur laut dan tenggara hilang terkena abrasi. Saat *Tempo* mengunjungi lokasi situs itu, bagian tengahnya tertutup rimbunan pohon.

Peninggalan lain Daendels adalah Desa Bedilan, yang disebut pernah menjadi sentra industri senjata. Kris Aji menyebutkan Daendels membangun pabrik senjata (*bedhil*) dan gudang senjata di situ karena berdekatan dengan kawasan produksi kuningan. "Di Bedilan pula berdiri tangsi Belanda yang dihuni *londho ireng* alias bangsa sendiri yang menjadi tentara Belanda," kata Kris Aji. Namun sejarawan Gresik, Oemar Zainuddin, mengatakan sebutan *bedhilan* tak ada kaitannya dengan industri kuningan ataupun pabrik senjata.

Oemar Zainuddin adalah keturunan pengusaha penyamakan kulit sukses pada abad ke-19, H Oemar Akhmad, yang mempelopori industri kulit keluarga di Kampung Kemasan. Sempat berjaya pada 1896-1916, menurut Oemar Zainuddin, yang menulis buku *Kota Gresik 1896-1916: Sejarah Sosial Budaya dan Ekonomi*, pabrik keluarganya itu memasok kulit ke 24 kabupaten/kota di Jawa. Bisnisnya surup pada 1940-an, ketika kulit imitasi dari Belanda dan Cina menyerbu pasar. "Karena harganya lebih murah dan pengolahannya lebih mudah." Soal *bedhilan*?

"Di sana memang ada makam *londho,*" ujar Oemar Zainuddin. "Tapi, menurut saya, di sana mungkin hanya tempat berlatih menembak tentara Belanda." Seperti apa pun riwayatnya, ada jejak Daendels di sana.

Telantar di Ujung Postweg

Daendels memilih Panarukan sebagai ujung Jalan Raya Pos karena kepentingan ekonomi dan pertahanan. Pemerintah hendak mengembalikan kejayaan kawasan pelabuhan yang lama telantar.

PETANG sebentar lagi datang. Namun kesibukan di Pelabuhan Panarukan, Situbondo, Jawa Timur, tak lantas berkurang. Buruh angkut bolak-balik memindahkan aneka barang kebutuhan pokok dari mobil pikap ke perahu layar motor yang bersandar di ujung dermaga. “Ini pesanan enam orang dari Madura,” kata Hendrik, 30 tahun, salah seorang buruh, pekan kedua Mei 2015.

Seperti Hendrik, puluhan buruh angkut lain tak menganggur. Sebagian besar mengangkut kebutuhan pokok, seperti beras, gula, dan minyak goreng. Ada juga yang menggotong kayu, semen, tabung elpiji, atau lemari. Sore itu, enam perahu layar motor berkapasitas tiga ton merapat ke pelabuhan. Perahu tersebut datang dari pulau-pulau di sekitar Madura, seperti Kangean, Sapeken, dan Masalembu.

Hanya, bila dibandingkan dengan suasana puluhan tahun silam, Pelabuhan Panarukan kini terbilang sepi. Moji, 70

tahun, bercerita. Pada 1960-an, ketika warga Desa Kilensari itu menjadi buruh angkut, perahu yang bersandar di Panarukan bisa berjumlah lebih dari 50. Pedagang antarpulau pun tak hanya datang dari Madura, tapi juga dari Kalimantan dan Sulawesi.

Pelabuhan Panarukan, Jawa Timur.

TEMPO/ IKANINGTYAS

Dulu, kapal-kapal besar yang akan berlayar ke Eropa juga singgah di Panarukan. Mereka mengangkut hasil bumi, seperti gula dan jagung dari Situbondo, tembakau dari Jember, dan kopi dari Bondowoso. Komoditas itu diangkut dari daerah asal dengan kereta api, lalu disimpan di gudang yang berderet di tepi dermaga.

Panarukan bahkan terkenal sejak era Majapahit. Fakta itu termaktub dalam kitab *Negarakertagama* karya Mpu Prapanca. Raja Hayam Wuruk menjadikan Panarukan—dulu bernama Petukangan—sebagai tempat pertemuan dengan raja-raja dari timur, seperti Madura, Blambangan, dan Bali. "Panarukan memiliki arti penting secara ekonomi dan politik," kata Edy Burhan Arifin, sejarawan di Universitas Jember, Jawa Timur, pekan kedua Mei 2015.

Pada masa Vereenigde Oostindische Compagnie (VOC), abad ke-17, Panarukan juga menjadi pelabuhan utama di ujung timur Jawa. Untuk pertahanan, VOC membangun benteng sepanjang 540 meter di sisi barat Sungai Sampean hingga laut Panarukan. Benteng tersebut juga berfungsi sebagai tempat menimbun berbagai komoditas dari Bondowoso dan Jember.

Di masa Gubernur Jenderal Herman Willem Daendels, yang memerintah pada 1808-1811, nama Panarukan kian berkibar. Daendels menjadikan Panarukan sebagai ujung De Grote Postweg atau Jalan Raya Pos. Daendels rupanya meyakini betul potensi penting Panarukan sebagai salah satu pusat ekonomi dan pertahanan.

Pembangunan Pelabuhan Panarukan kala itu juga membuka pintu bagi investasi swasta. Maka tumbuhlah di sekitar Panarukan berbagai perkebunan yang menanam komoditas ekspor. Situbondo, misalnya, menjadi sentra perkebunan tebu pemasok bahan baku pabrik gula. Perkebunan kopi terpusat di Bondowoso. Adapun Jember terkenal dengan "emas hijau" alias tembakau.

Pada 1886, Panaroekan Maatchapiij Not Het Drivjen Van Commissi Handel en Prauwen menjadi operator pelabuhan. Ketika itu, Pelabuhan Panarukan sudah dilengkapi dua dermaga untuk kapal ekspor dan perdagangan antarpulau. Dermaga sepanjang 180 meter yang menjorok ke tengah laut memudahkan kapal berukuran besar bersandar. Tak hanya itu. Dermaganya pun memiliki *crane* untuk bongkar-muat barang. "Di zaman itu, Panarukan sudah tergolong modern," ujar Edy.

Arus pengiriman barang ke pelabuhan pun kian cepat setelah pemerintah Hindia-Belanda membangun jaringan kereta api dari Jember ke Panarukan pada 1897. Dari Stasiun

Panarukan, ada jalur trem ke setiap gudang penyimpanan dan dermaga. Kapal-kapal bertonase besar selalu datang setiap pekan. Mereka rutin mengangkut gula, tembakau, kopi, kakao, dan karet asal Jawa ke Jerman dan Belanda. "Pelabuhan benar-benar sibuk 24 jam," Edy menambahkan.

Setelah Indonesia merdeka, Panaroekan Maatchapiij dinasionalisasi menjadi Veem Kertanegara. Lalu, pada 1970, PT Djakarta Lloyd mulai mengelola Pelabuhan Panarukan. Namun justru di bawah kendali perusahaan pelat merah itulah pamor Panarukan memudar. Menurut Edy, itu terjadi karena manajemen PT Djakarta Lloyd amburadul.

Kapal besar semakin jarang berlabuh karena pelabuhan terus mendangkal. Diapit dua sungai besar, yakni Sungai Sampean di sisi utara dan Sungai Klatakan di sisi selatan, Pelabuhan Panarukan secara alamiah memang rawan endapan. Bila musim hujan tiba, kedua sungai itu biasanya membawa material tanah menuju pantai. Nah, seiring dengan keroposnya otoritas pengelola, pelabuhan itu pun tak pernah dikeruk lagi.

Sejak 1972, nama Kabupaten Panarukan diganti menjadi Kabupaten Situbondo. Panarukan pun "mengecil", hanya menjadi nama salah satu kecamatan.

Pelabuhan Panarukan akhirnya benar-benar meredup menjelang 1980-an. Aktivitas ekspor dipindahkan ke Pelabuhan Meneng (sekarang Pelabuhan Tanjung Wangi) di Kabupaten Banyuwangi, Jawa Timur. Sedangkan perdagangan antarpulau menyebar ke pelabuhan lain di Situbondo, seperti Pelabuhan Jangkar dan Pelabuhan Kalbut.

Tak lama setelah kegiatan ekspor berhenti, layanan kereta barang ke Panarukan pun mandek. PT Kereta Api Indonesia memang pernah menyisakan layanan kereta penumpang. Namun, pada 2004, jalur kereta Jember-Panarukan itu tutup total karena sepi penumpang.

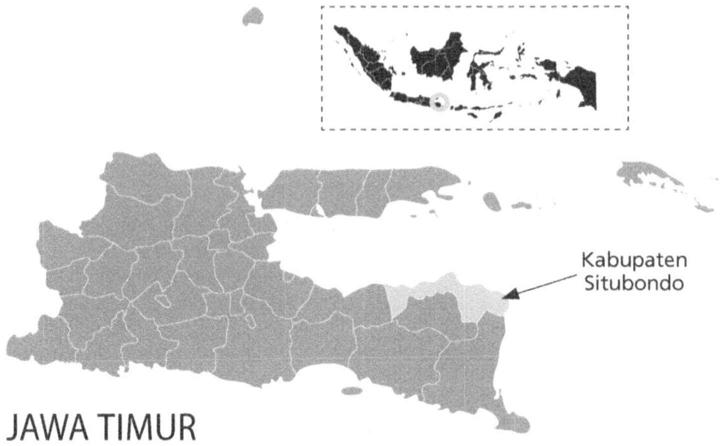

JAWA TIMUR

Kabupaten Situbondo

Jumlah penduduk: 660.702 jiwa

Penduduk miskin: 47,5 persen

Penduduk buta huruf:
125.445 jiwa atau 17 persen
Peringkat ke-11 dari 38 kabupaten/kota di Jawa Timur

Pertumbuhan ekonomi:
6,87 persen (2013)

Indeks pembangunan manusia:
Tumbuh lambat dari 63,69 persen (2009) menjadi 65,73 persen (2013) di bawah indeks Provinsi Jawa Timur, 73,54 persen.

Status:
Salah satu kabupaten tertinggal di Jawa Timur bersama Bondowoso, Bangkalan, dan Sampang

SUMBER: KANTOR BAPPENAS DAN BPS SITUBONDO, 2013

Kini, tak mudah menemukan jejak bahwa Pelabuhan Panarukan pernah menjadi pelabuhan internasional. Lahan pergudangan di pelabuhan itu telah lama berubah menjadi permukiman padat. Sekeliling pelabuhan terlihat kumuh. Tumpukan papan kayu bekas perahu teronggok di setiap sudutnya. Sampah pun berserak di mana-mana.

Menurut Bupati Situbondo Dadang Wigiarto, pemerintah tengah berusaha merevitalisasi Pelabuhan Panarukan untuk mengembalikan masa kejayaannya. Sejak 2008, misalnya, pemerintah menggelontorkan lebih dari Rp12 miliar. Uang itu untuk membangun dermaga baru sepanjang 177 meter dan selebar 10 meter di sisi barat pelabuhan lama.

Pemerintah akan menata ulang kawasan pelabuhan dan melengkapinya dengan berbagai fasilitas, seperti pergudangan, tempat parkir, dan perkantoran. Upaya revitalisasi itu, menurut Dadang, berbarengan dengan rencana pembukaan kembali jalur kereta rute Jember-Panarukan. "Target kami, pada 2020, pelabuhan baru bisa beroperasi," ujar Dadang.

Jika revitalisasi berjalan sesuai dengan rencana, Dadang optimistis Pelabuhan Panarukan tak bakal menjadi proyek mercusuar semata. Pembangunan kembali di ujung Jalan Raya Pos itu pun dia yakini bakal membangkitkan perekonomian Situbondo, yang dalam lima tahun terakhir menyandang predikat kabupaten tertinggal.

ESAI

Macet

Goenawan Mohamad

(Catatan Pinggir Majalah *Tempo* edisi 12–18 November 2007)

JALAN raya adalah sejarah politik.

Di Indonesia, cerita ini dimulai di tahun 1808. Untuk persiapan perang, Daendels membangun "jalan raya pos" sepanjang 1.000 kilometer antara Anyer di Jawa Barat dan Panarukan, kemudian disambung sampai Banyuwangi di Jawa Timur. Ia, seorang opsir tinggi kerajaan Prancis, yang diangkat Maharaja Louis Bonaparte untuk memegang kekuasaan di Jawa, berencana membuat infrastruktur militer buat memperlancar gerak pasukan. Ia harus menghadapi serbuan Inggris.

Dengan tangan besi, Daendels memaksa agar proyek itu rampung dalam setahun. Ribuan orang di Pulau Jawa mati karena dikerahkan untuk kerja rodi. Pemberontakan timbul tapi ditindas. Kita tak akan melupakan kekejaman itu—seraya memanfaatkan hasilnya. Jalan yang disebut Daendels La

Grande Route itu kini sebuah monumen tentang kekuasaan yang efektif dan brutal.

Jalan raya adalah sejarah politik dan kebrutalan. Di sanalah kekuasaan dikukuhkan, seperti dilakukan Daendels dan para penguasa di abad ke-20 dan 21. Tapi di sana pula kekuasaan disanggah. Di tahun 1966, di Jakarta, para mahasiswa "turun ke jalan", sebuah istilah yang kini masuk ke dalam kamus politik Indonesia, dan sejak itu aksi yang serupa berkali-kali terjadi, menjatuhkan rezim Soeharto, menggagalkan rancangan undang-undang ini dan itu. Selamanya dengan korban: ada yang mati ditembak, remuk dipukuli, ada bangunan yang dirusak.

Ketika kota bertambah penting dalam percaturan politik, jalan raya jadi arena tersendiri. Di sana mereka yang ingin mengubah kehidupan menemukan pengeras suara alternatif, ketika forum yang tersedia (parlemen, mahkamah, media) tak punya sambungan lagi dengan orang ramai.

Tema ini tak cuma ada dalam cerita Indonesia. Sejak jatuhnya monarki di Mesir, sejak Nasser memimpin, di Timur Tengah para analis politik selalu memasang radar mereka ke arah "*the Arab streets*". Kata "*streets*" di sini sama dengan ruang tempat rakyat berdesak-desak, bersua, bertemu, mendengar, bicara, bergembira, marah, benci, tentang segala sesuatu yang menyangkut negeri mereka, bangsa mereka, kelas mereka. Mereka tak membentuk partai, tak berwujud "NGO". Tapi mereka sebuah faktor yang tak dapat diabaikan. Di *Arab Streets*, tak ada tempat bagi para politikus di parlemen yang bukan dipilih, juga bagi kepala negara yang kehilangan legitimasi. Revolusi bisa meletus dari kawahnya.

Sejarah politik tentu saja tak hanya terdiri dari kejadian yang gemuruh dan spektakuler. Asef Bayat mengamati satu gejala dalam politik Iran yang tak banyak dilihat. Dalam *Street*

Politics: Poor People's Movements in Iran (terbit di tahun 1997), ia menyebutnya *the quiet encroachment of the ordinary*. Dalam uraian Bayat, proses itu tak punya dampak politik yang langsung. Tapi masuknya kaum miskin dari pedalaman ke Teheran, yang sering tak mendapat tempat dalam lapangan hidup dan percakapan, diam-diam adalah sebuah perubahan tersendiri. Para penguasa yang di atas tak dengan sendirinya goyah. Tapi di bawah, tulis Bayat, "praktek yang sehari-hari dan bersahaja itu mau tak mau akan beralih ke ranah politik."

Saya ingat sebuah esai pendek Orhan Pamuk setelah ia berkunjung ke Teheran. Ia menyewa mobil dengan seorang sopir. Di tengah lalu lintas yang kacau itu si sopir mengeluh di kota itu semua orang tak patuh aturan. Tapi tak urung ia

sendiri kemudian melanggar hukum dengan memotong jalan, sebuah laku yang terlarang.

Begitulah, kata Pamuk, di arus lalu lintas Teheran itu justru "kehadiran agama" paling terasa: tiap kali ribuan orang tak mematuhi hukum, tiap kali mereka berhadapan dengan para ayatullah yang menerapkan dalil Kitab Suci buat segala segi kehidupan. Mereka sedang berkonfrontasi dengan hukum syariah yang mengawasi perilaku mereka terus-menerus.

Nah, tatkala di belakang setir itulah, kata Pamuk, mereka mendapatkan satu-satunya saat untuk bisa menafikan semua itu—sebagaimana orang-orang Teheran yang diam-diam menikmati alkohol dan percakapan bebas di ruang privat mereka.

Dengan kata lain, Pamuk juga telah menunjukkan bagaimana jalan raya adalah sebuah arena politik—setidaknya *the politics of the ordinary*. Sayang, Pamuk tak memandang perkara ini lebih jauh; ia tak melihat bahwa politik dari hal-yang-biasa-saja itu adalah bagian dari gerak sejarah yang selalu menggagalkan keserakahan. Ketika para sopir Teheran melanggar aturan lalu lintas, mereka sebenarnya menunjukkan bahwa ambisi negara untuk menertibkan hanya sia-sia. Mereka sebenarnya menolak sikap para mullah yang tak puas-puasnya menghendaki "ketaatan" atau "kesucian". Tapi mereka juga memprotes sikap rakus para pengendara mobil (ternyata juga mereka sendiri) untuk merebut tiap celah *avenue*.

Jalan raya adalah sejarah politik—yang sebenarnya juga sejarah keserakahan dan perebutan. Dengan kata lain, sejarah kelangkaan. Kota-kota di Indonesia kian lama kian dirundung macetnya lalu lintas. Macet adalah indikasi bahwa ruas jalan tak cukup—sebuah kelangkaan akibat gagalnya para penghuni kota membebaskan diri dari jeratan "empat-M" yang menggerakkan kota-kota Indonesia: modal, milik, mobil, dan mode.

Adapun modal juga yang membuat mobil berubah: ia tak sekadar sebuah alat transportasi; ia juga sebuah pesona. Dari waktu ke waktu mobil tampil seakan-akan baru: ia berubah karena sebuah "musim" berubah dan konon selera juga berubah. Pada saat yang sama, komoditi yang memancarkan pesona itu bertaut dengan hasrat untuk memiliki. Dan karena pesona itu selalu merangsang kekurangan, ada dorongan untuk terus-menerus memiliki—tak hanya satu.

Maka lahirlah kelangkaan. Sejarahnya belum selesai. Di jalan raya, keserakahan masih berkibar, perebutan ruang masih berlangsung. Pergulatan politik untuk membebaskan diri dari "empat-M" masih akan terus. Mungkin sampai akhirnya jalan raya musnah, lingkungan runtuh, dan orang berteriak: "Kita celaka!"

Made in United States
Cleveland, OH
04 November 2026

47642321R00075